U0071257

西北東南風

簡又文

簡又文 原著
蔡登山 主編

前言：為蔡登山先生作書引言

簡幼文

我的父親是簡又文、宗譜名永真、號馭繁（取自前人句執簡馭繁）筆名大華烈士（俄文意同志），承蔡登山先生的誠意，邀請我為他精心收集家父一生著作文史資料所編成的書籍寫點引言，盛情難卻。我大半生的專業是藥物研究的科學家和臨床療病的醫生，雖然有自知之明，又從沒有寫過新書序文，對文史的領域不但是外行，更因居美六十年所導致文筆生疏，不過只有硬著頭皮寫一點我對父親生平的見解和結交蔡先生的緣分。

首先我要提出我和蔡先生認識的機遇——是緣分也是他運作追尋文史獨有的技巧。半年前我們彼此東西各處一方，全不認識，但經多方轉折，最後他透過名滿香港的共識朋友許禮平先生和我聯絡上。雖然至今和他沒有直接見面，但在電腦上已多次聯繫、通話和電郵。我的名字簡幼文和父親的名同音，這並非筆誤。一開始蔡先生便送我一份寶貴的禮物，那是我父親遺失了多年，有關於我出生命名的書信印本——我以前根本不知道這信本存在。舉一反三，可知他治學的深度。上網一查，真不愧他歷年在文史界獨享有拾遺專家的盛譽。

說來慚愧，我成長在國家動亂時代，早年的學生生活，大部分是在離家住宿的校園裡過，自一九五九年後來美國學業深造至父親去世又間隔二十年，因此父子兩人面對面交流，比一般家庭較少；我在家時，他日夜忙著寫作，所以交談時間大部分是在飯桌上，內容主要是家常閒話、特別見聞、際遇和有趣的人物故事，從不提有關政治、財務或他個人著作成就，更沒有負面評論他人的話題。因此我對他在社會和學術界的事跡，大部分是從他身故後留給我的檔案、著作、每年記下的私人要事錄（可說是「年記」），和外界已發表有關他的文章，領會過來的。正因為這些片段的掌故式文章任由後人反覆抄作，不少已失去了正確性。例如最近朋友寄我一篇有關梁羽生（筆名——原名陳文統）的文章，提及抗日戰爭時家父「前」學生梁羽生為報師恩，收容我一家從桂林避難到蒙山他家中，直到戰事結束。事實上，當事人是梁的堂兄陳文奇，他是我父親在戰前任「今是學校」校長時的學生，而作家梁羽生是我家搬到蒙山後才拜家父為師的。此文作者不但犯了人物錯誤毛病，更是本末倒置。因此，蔡先生現時能對我父親一生的著作，重新用他嚴密處理文史資料的手法編成一系列書籍傳世，顯得特別珍貴。

父親一生做了很多事，也曾以不同的身分任職多種領域。我認為留下來最重要的是他對太平天國歷史學術的貢獻。他在美國芝加哥大學神學院碩士論文的主題，便是基督信徒天王洪秀全的事跡，此後凡四十餘年，斷斷續續收集了很多有關太平天國的文物資料，並為此作書，自己笑稱一生吃太平飯。又曾特別赴洪起義的基地金田村訪問鄉民遺老，以便收集資料，不遺餘力。父親曾談及他治學的原則是科學方式，始於美國教育的影響。簡單點來說，就是先盡力收集可靠的一手資料，分析後再作考證。如有差異或無法肯定的記載，不作主觀或偏見，史實和史評應該分開論斷。我認為中國歷朝史官原則上亦有相似之處，後朝寫前朝事，連皇帝行事正負兩面也實報在內，以保全客觀的史實形式。

我不禁回憶起父親私人生活中的言行和思想，他一生不求富貴和權勢；自美國學成回家後他所有參及的事，都是針對社會或文化有正面影響的，直至現在還沒有看到他人對他公開的負面評論。正如我前文提及，我們父子之間關係不是很接近，因此對他在世之時，有不少事情不大了解，如今反而對他增加了新的認識。我很敬佩蔡先生費了非常大的精力研究我父親一生的作品和事跡，在現在社會環境中真是難能可貴。他對家父的深度認識，可想而知，必然比我更詳盡。他依據純學術的動機，快要出版研究的成果了，家父在天之靈若得知有蔡先生這位知音，又兼有共同治學的精神，肯定十分欣慰。我亦有幸，感恩活到晚年還能結交蔡先生這樣出類拔萃的文史學者。

寫在美國加州二〇二〇年一月

大華烈士的《西北東南風》

許定銘

一直以來，太平天國史專家簡又文先生（一八九六至一九七八）給我的印象是個嚴肅的學者；直到我讀了他的《西北東南風》，才知道他是個富幽默感、風趣而詼諧的基督徒。簡又文筆名大華烈士，廣東新會人，早年留學美國，奧伯林大學畢業後，再入芝加哥大學研究院深造，得碩士學位。回國後從政，在西北軍政治部工作。三十年代在《論語》半月刊寫了不少短小精悍、幽默風趣的隨筆，深受歡迎。曾出版半月刊《大風》，自任社長。四九年後居於香港，任香港大學東方文化研究院名譽研究員，潛心研究太平天國史，著作甚豐，其《太平天國全史》、《太平天國典制通考》等，均為擲地有聲的巨著。在學術研究以外，他還有一本以筆名大華烈士出版的《西北東南風》。此書於一九三五年一月，由上海良友圖書公司印行，初版只印了二千冊，並不常見。我藏的《西北東南風》為三十二開精裝本，厚二二二頁。全書共分〈西北風〉、〈東南風〉和〈東南風續集〉等三部分，每輯分別有引言或序文，實為三本小書的合訂本，共收幽默隨筆近三百則。

簡又文在〈西北風〉的〈引言〉中說，雖然西北軍已解散，一切已成過去，但「每憶起在軍中所見所聞的趣事和種種可發一笑的經驗，還覺得津津有味」，因此便把它們寫出來作茶餘飯後的談笑資料。雖然〈西北風〉中所述全是軍中的趣事，尤其對馮玉祥將軍的言行稍嫌過譽，但我覺得不妨從祕聞或野史的角度去看，實在是有其可觀之道的。比如其中的〈西安妙聯〉，寫馮治西北時期的「放足運動」和「衛生運動」。陝西民政廳矯枉過正，把婦女用過的裹足布，懸掛於省政府署前以炫耀成績，蔚為奇觀。而到清潔運動日，不僅大小官員齊齊掃街，連馮玉祥、于右任兩位總司令亦親力親為，於是有人做了一對妙聯：

> 堂堂省政府，掛滿許多裹足布，其臭薰天！
> 濟濟眾官員，賺得幾個折腰錢，斯文掃地！

筆者孤陋寡聞，不知「斯文掃地」竟然有此「褒義」的用法，讀至此不禁捧腹。同時亦為馮於二人肯親自掃街而起敬意。

又如〈其言也善〉一則中，記曾為山東財政廳長的魏宗晉的幾句話：「凡是內戰，槍砲是外國來的，子彈砲彈是外國來的，炸藥鐵器是外國來的，金錢是外國來的，甚至近年則白麵軍糧也是外國來的；只有在戰場上互相殺死的同胞的血和肉是中國的。」這段話驟眼看來滑稽，可其沉痛之處，又豈是三言兩語所能表達！

〈西北風〉在《論語》刊出後大受歡迎，其後簡又文續寫〈東南風〉，內容已不限於寫軍中的人事，筆觸涉及中國社會各階層，甚至放眼世界。因他曾留美多年，回國後在軍政界打滾，見人見事多，接觸面大，交遊又盡是名流俊彥，中外大小人物的言行，均網羅筆下。因此，追讀的人更多。然而，在〈東南風〉刊出幾十則後，簡又文突然宣布罷筆停寫，因為他要結婚了，要用多些時間陪新娘子，免她呷醋云云。可惜新娘子並不領他情，要他再寫下去。於是，在〈東南風〉停了的不久後，就有了〈東南風續集〉，再寫百餘段。不過，珠玉在前，我還是喜歡〈西北風〉多於後面的兩部分。

《西北東南風》的書前有兩幅插頁，其一是由畫師黃潮寬追摹的一少年半身彩色油畫。畫上有「紀念愛兒華德」字樣，畫下有他的生卒年月：「一九二一、二、十八－一九三二、十二、二十九」，和「東南風，西北風，都是在思念他最哀痛之時寫的。」等句。原來我們的史學家是以寫趣事的方法來治療內心哀痛的！

另一幅插頁是趙元任作的《論語》第二十九期的封面，畫面上方是一塊長方形的黑塊，下面是一個戴墨鏡的男士用放大鏡細看桌面上的另一黑方塊。畫的中間有大華烈士的題字：「陰曆三十夜子時非洲深林中黑人捉烏鴉誤為黑貓所噬圖」。凡我好幽默人士，想必聽過這個笑話；原來並非說給你聽的那位好友所作，是阿爺那代老掉牙的故事哩！

二〇〇一年十月
刊於《作家》第十二期

目次

003　前言：為蔡登山先生作書引言／簡幼文
006　大華烈士的《西北東南風》／許定銘

019　**西北風**
021　保護妥當
022　光棍遇著沒皮柴
022　下死工夫
023　時日曷喪
023　日領碰釘
024　美人含羞
024　黃公厄運
025　三不缺一
025　西安妙聯
026　肩任重責
026　北伐資本
027　向左大吉
028　指馬為牛
028　打倒投機分子
029　革命文學
029　藍化的開封
030　真串大炮
030　訓練成績

031 帝國主義
031 一種政治病
032 財神被綁
032 緣慳一面
033 顧問之義
033 鬍鬚的運命
034 吃便飯
034 鹽使掛印
035 失迎失迎
035 校長賣鹽
036 菸菸菸菸
037 革命果子
039 十字訣
043 同志之分類
043 黃絹幼婦
043 不愧屋漏
044 四不像子

045 火鍋象徵
045 三十六著
046 無字真經
046 火柴功用
047 妙聯兩副
048 老馬識途
049 古董製造廠
049 上國文明
050 老態作態
050 平等真諦
051 彼一時也此一時也
052 馬不吃豬
052 姓名成讖
053 反蔣條件
053 斷句取義
054 「其言也善」
054 貯淚以待

055 有而不多
055 衛生補品
055 新國際
056 語病

東南風

057 東南風
058 所謂「序」
060 也有「凡例」
061 總理軼聞
063 有此一說
063 語言誤會
064 白板對碰
064 伍使妙語
065 隨人鼓掌
065 我亦不知
066 自以為是
066 寡言總統
067 端方受窘
067 卅碟豬排
068 以臉還臉
068 客套惹禍
069 靳帥通電
069 福帥趣聞
070 偷雞省長
071 省長致詞
071 天王寒暄
072 三保三無
073 三民主義
073 梁氏聯話
075 人名製謎
075 姓名聯語
076 淡如諧聯
078 歪聯正批
079 妙聯數則

082 輓廖公聯
082 粵人賽聯
083 敝人薄有
084 孫科幽默
084 太簡不文
085 李相趣事
085 隔年請帖
086 儒堂嘲謔
086 一概不拘
087 是否兩可
087 余日章言
088 留美憶語
090 澤公詼諧
091 逢八進一
091 才疏學廣
091 馬郭爭謔
092 晉將詩話
093 對牛彈琴
093 忙中有錯
093 一起乾杯
094 外交勝利
095 布滿衰氣
095 風水火水
095 無微不至
096 自謙之辭
096 青蟹別解
097 軍人直言
097 君子在此
098 粵伶急智
099 己名入聯
099 人名妙對
100 尊庚早死
100 懸賞譯文
101 長生祕訣

101　演說原則
101　同窗聯話
102　輓中山聯
103　雙料笨□
103　孫科尊容
104　壽材賀年
104　梁簡相嘲
106　馮謝互謔
107　愛伍及犬
107　長名會社
108　風流誓言
108　胡適可兒
109　全兒演說
109　雅辭誤會
110　訛譯誤讀
110　賽馬問乩
111　簡雍遺風
111　三折其肱
112　馬革裹屍
112　日警驗照
113　學通聾啞
113　林肯善謔
114　乘順水轎
114　外國月圓
116　棋王參謀
117　合食新說
118　伍君辯才
119　罪言

121　東南風拾遺

122　胡漢民聯
123　韶老壽聯
124　擬華氏言
125　蘑菇變傘

125 蔭昌軼事
126 星島「中文」
126 小開跨灶
127 半價理由
127 廣東官話
128 離合紀錄
128 新《三字經》
129 郭堅電文
129 美女選婿
130 詩人打工
130 語堂西名
131 牧師講辭
131 「大吉利是」
132 亞心波女
132 忍氣吞聲
133 外賓行乞
133 顧維鈞言
134 髯翁題匾
134 名藏五行
135 以身說法
135 胡適碰壁
136 子良無趣
136 遊而不學
137 馮君考古
138 附錄：我的作文經驗

---

153 **中國基督教的開山事業**
155 序
159 弁言
159 第一位傳教士
165 第一本漢譯聖經
168 第一位中國基督徒
172 第一位中國牧師
177 第一所基督教醫院

179 第一所禮拜堂
180 第一所基督教學校
181 第一位內地傳教士
186 第一位中國殉道者
189 教士教徒捱受迫害事實彙錄
202 附錄
208 參考書報

211 廣東省級文獻事業紀實

212 發動
214 籌備工作
217 成立大會
221 省文獻委員會
223 文獻館之組織與計畫
228 工作彙報
244 停頓及結束

西北風

本來，西北風乾燥、冷酷、寒峭，只是令人恐怖、苦楚，又有何幽默之可言？然真理是相對的，而非絕對的。我們生長東南，半生飽享溫涼和潤的海風之滋味，一旦讓西北風吹吹，未嘗不覺得奇異趣怪。每當霜雪交侵，刮刮的寒風穿透兩件皮襖或兩張棉被，直鑽入皮膚骨肉而深達骨髓之時，周身便有一種奇妙莫名而得未曾有的感覺。每年給它吹上四五個月，一連吹上三五七年，由臉皮以至於體質，都不免為之大變。經比訓練之後，縱然您具有一副像麻將牌「白板」一般的臉孔，也會變成「九筒」或「八索」了；而您的身體，倘使不被其吹僵了呢，定必翻過來被其愈吹愈壯健，愈吹愈精神無疑。可怕的西北風！可愛的西北風！無論如何，好厲害的西北風！

余小子，一點頭的南方人也。從前因感著革命的衝動，懷著犧牲的熱誠，毫不躊躇地接受黨的最高幹部之任命，鼓著一胸老而不死的負氣間關萬里而跑到西北軍那裡擔任政治工作。在那裡幾年的感覺和經驗，與乎所感受的印象，即如以上所云——東南人吹西北風一樣。人人都知得馮煥章將軍治軍素嚴，西北軍紀律厲害，生活刻苦。曾到過那裡的，好些人都住不到多少日子便要告假了。離開之後，每每自己憶起，或與人談及西北軍，大都不免搖頭咋舌，甚或破唇咒罵兩句。可是我一向覺得西北軍中的生活非常有趣。這也許是因為從前吃白米、魚翅、魚生、以及「龍虎會」太多——吃得厭了，並且穿綢緞、縐紗、呢絨，及「荔枝滑綢」太久——穿得厭了，所以一旦嘗嘗黑饅頭、大鍋菜，和穿穿灰布衣、土布鞋，反覺得有十分奇趣吧。

西北軍那個集團，土崩瓦解已有三年，即使那個名辭，也成陳跡了。我們在那裡所做的工作姑不論對於黨國、人民、社會有功無功——一概已付諸落花流水。及今回想，萬念俱消，於懊惱之餘，每憶起在軍中所見所聞的趣事和種種可發一笑的經驗，還覺得津津有味。如今打算順著腦海起伏的微波，逐段逐段寫將出來借給朋友們茶前酒後多些說地談天的資料。這也許算是余小子努力革命工作而為黨國犧牲服務了幾年的一點——亦只是這一點——貢獻吧！倘使朋友們甚至連這一點貢獻也不承認是真的和有價值的，那麼，真無怪乎我前時回家去家裡的老太太對我說一句：「大娃烈士枉喝了幾年西北風。」

保護妥當

馮煥章統率第十六混成旅駐常德時，有日本兵艦沿江開至，艦長謂：「地方不靖，要派水兵登陸保護日僑。」馮答：「切勿過慮！我負全責。」即下令每日人商店及住宅，均派隊兵二名盡力守衛。隊兵執法如山，奉職惟謹，把守大門，無論何人一概不許出入，以免發生危險。保護確是妥當而又周到。惟市民望見軍士威風凜凜，刃光閃閃，均不寒而慄，裹足不前。不到幾天工夫，日人商店家家門可羅雀，全沒生意，且又不得出門購糧食、辦事情，甚感不便。艦長知其事，只得對馮說：「現在地方很平靖了，可以不須貴軍這樣格外保護了。」馮一笑而罷。

光棍遇著沒皮柴

馮在常德時，有天主教民某欺凌同胞，兼以涉訟敗訴，懼刑逃入教堂。神父庇藏之，屢傳不到。時薛篤弼為縣知事，無法可施，因以告馮。馮罵薛無用：「看我來辦罷！」乃一手捧著常德鎮守使印，跑到教堂對神父說：「您們膽敢包庇犯人，使我國國法不得伸張，我這顆印也沒用了，索性送給您辦吧。」語畢，他即站在教堂前，大聲疾呼，對市民力數神父之不是。民眾愈聚愈多，聲勢洶洶喝打喝殺，有即釀成大風潮之勢。神父怕了，忙出來賠罪，允許送出該犯，懇求馮不要再行公然聲討，馮得勝利乃止。

下死工夫

在常德時馮努力求學，每日讀英文二小時。上課時，關上大門，門外懸一牌，上書：「馮玉祥死了！」不准外人進去，課畢始啟門除牌云：「馮玉祥復活了。」

時日曷喪

馮任陸軍檢閱使駐北平南苑時，嘗宴各國公使於陸軍檢閱使署。廳上懸掛各國國旗，而日本國旗獨付闕如。日使不懌，當堂質問其故，馮答：「自貴國提出二十一條後，敝國人民一致抵制日貨。貴國國旗實在無處購買，真對不住。鄙意如果貴國取消二十一條，即可購買懸掛了。」日使語塞，不勝忸怩，但亦莫奈之何也。

日領碰釘

馮在西北邊防督辦任內，日領事某到張家口謁見，無意中對馮說：「貴國森林不多，童山遍地，好像高麗未受治於日本之前一般。」馮勃然色變，因其以高麗比我國是為侮辱，即不假思索鄭重答云：「貴國未維新之前，文化之低落甚於印度。」日領不歡而退。

美人含羞

美國華盛頓省立大學教授某氏率領學生多人到中國來遊歷，因素聞「基督將軍」盛名，特地託人介紹北上張家口與馮會見。馮接待如儀。教授偶問：「請將軍告訴我，敝國有什麼可以幫助貴國的地方？」馮聽了，佛然不悅，以為有辱國體，不能假借，乃鄭重答道：「貴國人每作驕態，常說要幫助敝國，但只是空言多而實惠少，可見貴國實在無力去幫助人，還是自己幫助自己多得些能力吧，不必再事亂吹了。」時余故友張志新君任翻譯，恐開罪教授，先不敢照翻。馮並斥其無膽，不得已乃照譯。這教授高高興興而來，卻碰了一鼻子灰而去。後張君為余述此事。

黃公厄運

民十三年，故都革命囚曹倒吳之後，馮在張家口新村時，內閣總理黃郛常往就商國家大計。有一次黃走入督辦廁所內大便，為衛兵所見，立即上前驅逐出境。黃高呼云：「是黃總理。」兵說：「不管您是黃總理、黑總理，這是督辦廁所，有命令不准別人入內。」黃急極懇求云：「待事畢出來如何？」兵仍不許，非立刻走出不可，黃極困。結果未詳。後黃告人云：「西北軍軍令真森嚴啊！」

三不缺一

馮最惡賭博，軍中有犯此者殺無赦。十五年冬軍次甘肅，有總指揮總參謀四人暗地裡大搓其麻將，為馮偵得。翌日，馮召劉總指揮入室問：「據報告軍中有人打牌，你知道不？」劉答：「不知道。」馮問：「內有石總指揮知道不？」劉答：「不知道。」馮問：「內有宋總指揮知道不？」劉復答：「不知道。」馮又問：「還有劉參謀長知道不？」四腳已問其三，劉慌忙站起來答道：「報告總司令，還有我在內呢。」

西安妙聯

民十六、十七間，馮治西北，施行新政多端，其最著者要以放足運動及衛生運動二者為著。陝、豫省政府特設放足處，嚴令全省各縣長強迫人民放足，且以此為考成之條件。陝西民政廳更矯枉過正，將解放婦女之裹腳布懸掛於省政府署前，以炫成績，五光十色，萬國旗之輝煌不及也。至衛生運動之舉行，則擇定一日為清潔日，大小文武官員均須躬自掃街。馮（玉祥）、于（右任）兩總司令亦躬行之，不以為恥，以為衛生之提倡，至美舉也。西北才子於是為做一副妙聯以紀其盛，聯云：

堂堂省政府，掛滿許多裹足布，其臭薰天；
濟濟眾官員，賺得幾個折腰錢，斯文掃地。

肩任重責

王開化同志任河南省政府放足處長時，全省張貼放足標語多條，其一云：「要把河南一千五百萬女同胞的小腳放在我們的肩上！」以二乘之，王同志等的肩上足有三千萬隻小腳了。

北伐資本

十六年三四月間，馮在西安整理舊部，積極準備出關北伐，預約與南軍會師中原，但是餉項非常拮据。時薛篤弼擔任財政，籌餉無著，仰屋興歎，而軍隊即須出發，催餉甚急。其時軍庫只有現洋五百元，薛乃忽生妙計，特呈准總司令，即以此現款為資本，用石版大印特印不兌換的軍用流通券分給前敵。前敵總指揮孫良誠、副指揮方振武、馬鴻逵等三軍各得領百數十萬，即行出發。其後陸續增印發至二千萬元。北伐賴以成功，皆此五百元為資本也。中原底定，馮即收回流通券，另易債券，以豫省某種實業為抵押品。

向左大吉

簡又文同志一到西安政治部工作，一般共產黨員知其是基督徒，即「另眼相待」，但因政治關係，尚未至公然攻擊或排擠，只是遇有機緣，即以譏笑揶揄態度對待。部長劉伯堅每碰著他便問：「您的上帝怎麼樣呀？」簡敢怒而不敢言。一日劉又是循例這麼一問，他當時給他一個很滿意的答覆道：「我的上帝左傾了！」劉一笑置之，以後不再發此一問了。

有一天政治部開一分組會議，恭讀總理遺囑已畢，主席劉伯堅請簡讀幾頁革命文字，但偏選出打倒基督教的一章要他讀。簡毫不猶豫地一字一句大聲宣讀，如念妙文，音韻抑揚頓挫，讀到「打倒帝國主義、資本主義……的走狗基督教，打倒迷信的基督教」等句，全體呵呵大笑，鼓掌稱善。一氣讀了十餘分鐘，劉主席大開恩典，令其停止說：「夠了夠了！」停了之後，他復微笑問：「這篇文章怎麼樣？」簡爽爽快快地答道：「很好，我極贊成打倒這樣的基督教。可是這不是我所信奉的基督教。」劉很詫異地問：「您信奉的是什麼樣的基督數？」簡答：「是左派的基督教——革命的、科學的、自由的。」劉很滿意的答：「這也很有道理。」以後也不再難為他了。其餘的共黨同志看著他們劉領袖的顏色，對簡的態度也和悅一點了。

指馬為牛

西北軍出動北伐時，共產黨正在主持全軍政治部。時在五月，共黨用紅墨印行特刊一張，名為「紅色的五月」，到處張貼，甚至豫西窮鄉僻壤也到處可見。有幾個不大識字、不分青紅皂白的鄉人看見「紅色的五月」內有共產主義始祖馬克思、列寧的肖像，指著說：「這是帝國主義！」

打倒投機分子

政治部的標語有一條是：「打倒投機分子！」在豫西某鄉，有一位鄉下老婆婆聽得人讀出這標語，很滿意地對人說：「國民革命軍真是好啊！偷雞的分子也要打倒哩。」她馬上變成贊助革命的民眾之一了。標語政策收效者，此其一。

革命文學

在鄭州過國曆新年時，我在馬路旁一家小鋪子門前，看見一副新奇有趣的門聯，文曰：

賀革命春王正月；
祝民國天子萬年。

革命結果如此，先烈有知，豈能瞑目？

藍化的開封

十七年，豫省府突下嚴令，全市所有鋪戶大門，俱要改塗藍色。一時德國顏料價值突高十倍，家家戶戶最低限度，要破費二十元改換頭面，方得稱為革命化。數日間全城變了藍色，煞是好看！這一道命令，正要在其他市鎮鄉村推行，有人已向馮老總處參了一本。結果馮即下緊急軍令，禁止強迫商店藍化。

真串大炮

馮在鄭州過新年時，在世界文化史上貢獻了一個獨出心裁亙古未有的新發明。元旦清晨，他召集全體官兵行賀年禮，到者足有二萬人以上。他站起來訓話說：「今日元旦，循俗例當燒串炮以志慶祝。可是我們財政不足，而且也要節儉，不買串炮了。我們就用口大聲燒炮算了吧。來！來！來！跟著我！砰砰磅……」全軍大叫「砰磅」十幾分鐘，炮聲轟天震地，真是好聽。馮先生最愛提倡的口號是：「窮小子自有窮辦法。」不錯！

訓練成績

馮練兵好用問答式。有一次召集部隊講話，講了一段即問：「你們聽見了沒有？」全體肅立一致大喊：「聽見了。」再講一段，又問：「你們懂嗎？」全體又答：「懂的。」馮便指一兵士問：「我剛才講的什麼？」兵肅立答：「報告總司令，忘了。」

又有一次馮對部隊發揮三民主義。講完後，便領導全體高喊「我們是有主義的軍隊。」

旋問一兵：「我們有的是什麼主義？」兵肅立大聲答云：「報告總司令，是帝國主義。」

帝國主義

何其鞏為總司令部祕書長時，袍澤戲呼其為「帝國主義」，以其體格高大、氣勢迫人也。一日，與石參謀長敬亭、財政廳長過之瀚等赴浴堂洗澡。嬉笑間，眾亦高呼其綽號而不呼名。及畢，石、過赴櫃上結帳，侍者忙阻之云：「參謀長不要付帳，帝國主義已付過了。」蓋他們熟聽此號而不知其意義，以為此即何之大名也。眾大笑，而「帝國主義」之名益噪。

一種政治病

有一次馮與我們幾個人在一室內閒談，忽有電話來請在座的某軍長講話。軍長接了電話，聽了幾句之後，忽笑起來。馮問是誰來的電話，有什麼事。軍長報告：「是某師長的電話，他想求總司令發幾文餉，問問總司令今天神氣怎麼樣？」馮笑答道：「你告訴他罷，我今天發熱發昏，脾氣極壞，見人就罵，叫他不要來碰釘子。」我們在座的都笑了。

財神被綁

那年在新鄉過陰曆年的時候，馮召薛篤弼和軍需處長魏宗晉二人到總部，令他們立籌款二百萬元為犒賞官兵之用。二人瞠目咋舌，堅稱民窮財盡，毫無辦法。馮答軍用要緊，無論如何，事在必行。魏反駁道：「總司令不是下過令叫人守國曆，不許過舊歷年嗎？」馮答：「不過年是另一回事，犒賞是必得要辦的。你們想不得辦法，休想出去。」言畢，竟自走了，即傳令兵弁看守他二人不許放走。那時已是深夜，他們被關在小屋裡，欲走不得，只得嘔心嘔血的籌商了一夜，好容易想得一點辦法。翌晨請馮入室，薛報告辦法，數天內勉籌五十萬元。馮搖首說：「不行不行，至少一百萬。」魏發急道：「我們再無辦法了，請總司令放我們在油鍋裡活活地炸死我們吧！」馮乃軒然笑道：「五十萬就五十萬吧。」兩人乃走出，卻已挨了一夜的凍餓了。

緣慳一面

十六年夏會師鄭州後，革命軍俄顧問嘉倫將軍亦隨諸中委到鄭，屢欲與馮會晤，均未有機緣。一日特請人與馮約商會晤時間，馮指定次日清晨六時。翌晨，嘉猶擁其戀人女祕書高臥未起，及醒來已誤了時間，乃請原人道歉，另約時間。馮又指定翌晨五時——比上次更早一個鐘頭。次日嘉仍誤點，會晤之議終作罷論。馮後與人談及此事，猶捻髭微笑也。

顧問之義

十五年，馮從蘇俄回陝後，有軍事顧問俄人烏斯馬諾夫贊襄軍務。他好打聽西北軍實況，宛如偵探，並常常向馮發言，漸漸涉及用人行政。馮甚不悅，一日對烏云：「您知道我們中國『顧問』二字怎解嗎？」烏答：「不知何解。」馮告之曰：「顧者看也，問者問語也。顧問者，當我看著您，有話問您之時，乃請您答覆也。」烏赧顏說：「是的，總司令不問，我便不言了。」馮怕其太難過，隨笑說：但我一有所問，您當盡情答覆啊！」

鬍鬚的運命

馮自北伐軍出動，軍書旁午，晝夜無暇，未遑薙鬚。到鄭州時，于思于思滿臉。在我們看來，更加威風凜凜，但有一位卻極討厭此物，那就是馮夫人李德全女士。馮一接電報知女士已由西安動程東出，即刮去臉上大鬍鬚，仍留唇上兩撇小鬍如仁丹式。及女士到了，仁丹式的鬍子忽變為卓別林式了。次日女士閒談，暢論文明人與野蠻人之別。她說：「野蠻人全體多毛，文明愈演進毛亦愈少。」馮聽了闈教之後，茅塞頓開，翌日出來，已連唇上的兩撇竟一掃精光了。

吃便飯

鄧處長萃英攜眷在河南軍部服務時，鄧太太帶了一個花色精緻的西洋尿盆。有一天晚上，處長請了幾位朋友到家吃飯。他家裡剛雇了一個河南的老媽，她竟然用那精緻的尿盆盛了那味全鴨上菜，端了出來放在桌上，處長太太和賓客們相顧失色——結果不詳。所謂「吃便飯」，真是一點兒不錯！

鹽使掛印

國民革命軍既底定山東，孫良誠以功得任主席，顧以軍務羈身，未克履任，馮令石敬亭代之。石到泰安組織省政府時，適山東鹽運使一職已由中央財政部委盧耀到任，石一聞其為前浙江督軍盧永祥之子，即笑對人曰：「這是一個頂闊的公子哥兒，我們來綁一個小票兒吧。」不意這句開玩笑的話傳入盧耳鼓裡，他竟信以為真，馬上捲起鋪蓋掛印而去。

失迎失迎

十六年秋，蔣總司令率國民革命軍既薄徐州，馮派二集團第六方面軍總指揮石敬亭代表往謁，籌商北伐計畫。蔣令特別歡迎，由副官長駕汽車派軍樂隊到車站接車。專車既至，軍樂隊員全體各把樂器送到嘴唇，準備石總指揮一下車，便大吹一陣。及車既停，只見有幾個穿灰布軍裝的軍士下車直走。等了一會還不見石，副官長著急了，登車找遍，始知剛才下車的幾個兵士，石就在其中，又忙驅車追去。時大雨方霽，見石正在泥濘路上一步一步地走呢。副官長趕上去接他上車到總部，這次到站歡迎的軍樂隊竟白走一趟，失了效用。

校長賣鹽

十八年夏間，簡又文方在洛陽主辦軍官子弟學校。那時山東已經克復，孔庸之部長在南京保薦其任山東鹽運使，馮復打電催其立刻到任。可是那時簡的上司——訓練總監石敬亭

——很不願他拋棄學校事。有一天早晨，他駕臨校內，對四百多名學生訓話，故作俏皮語問學生道：「你們的校長要到山東賣鹽去了，你們知道嗎？」學生齊答：「知道。」石又問，「你們的校長是教育家，他會賣鹽嗎？」好一班學生，真是忠心耿耿，尊師重道，齊聲答道：「會的。」總監調侃人不成，反討沒趣，沒奈何只得放簡乘車上任。

菸菸菸菸

馮不吸菸，亦最惡部下吸菸，軍令極嚴，莫之敢犯。但高級軍官偷偷地吸食者，卻大不乏人。有一次他突然跑到祕書長魏書香室內，忽覺菸味陣陣，撲鼻而來。馮即朗聲為八股先生讀文章般念道：「您的屋子，又薰又臭，又臭又薰，既薰且臭，既臭且薰，薰而又臭，臭而又薰，薰薰臭臭，臭臭薰薰，亦薰亦臭，亦臭亦薰。」言畢，掉頭不顧而去。

有一天大將鹿鍾麟與某總指揮某參謀長等在室內閒談，均舒舒服服地大抽紙菸。馮忽入室，鹿等站起見禮，各人急忙收藏菸捲。馮一一點頭不作一語，轉身便出。將出門，指著一個字紙簍，對一勤務兵大聲申斥說：「看你們做事多麼糊塗！簍子裝滿了廢紙還不倒了去，頂容易著火。」言畢徜徉而去。鹿等聽了，人人咋舌，相視而笑，默然無語。

唐悅良次長為馮之襟弟，甚得馮之信任，有一次遠道來謁，與馮及馮夫人共話一室。夫人毫不客氣指唐手指說：「您看悅良抽菸抽得這麼厲害，指頭都薰黃了。」唐當時忸怩不安，大有無地容身之況，幸馮發雋語云：「天氣冷得很，抽抽菸暖和暖和。」抽菸而與冷暖有關，真是妙人妙語！

十八年冬，馮下野到山西晉祠居住，稍改故態，對菸禁不如從前之嚴厲了。有來賓到訪，也以紙菸招待。有一天李書城到此坐談，香菸未備，馮令傳衛兵云：「到隔壁×先生房間取菸捲來奉客。」余嗜吸菸，但仍未敢以公開吸食，馮固知之，有一次暗示慰余云：「做文章的人吸菸可助思想。」

革命果子

西北軍加入國民革命運動後不久，即真個呈出革命化的果子。當時有幾個可以代表革命化的名詞，記述出來，頗有興味。

革命飯

軍中糧餉時缺，軍官自上將以至少尉每月只發菜銀六元，兵士三元，麵、煤則由公家發給。軍中每日食飯二頓，食品主體為粗黑麵粉蒸成之饃（饅頭），另有大鍋菜，即以一大鐵鍋煮開水，加入豆腐、粉條、白菜、肥肉，放一把鹽，加些香料、醬油，混合煮熟之。光景好時，肥肉多些，否則雖福爾摩斯再生，亦難偵探肉之所在也。飯既熟，則以煤油白鐵箱分盛饃、菜，官兵分班食之。軍中稱這等飯食為「革命飯」。余最末次吃西北革命飯是在十八年秋——九月十八日——五原誓師紀念日。時馮在南京榮任軍政部長，特於是日午在行轅草地上設「革命飯」，一如軍中所吃的，召集西北人員並當時與西北軍友善或素有關係者同吃一頓，以志不忘。當時要人參加者，猶記有王儒堂、孔庸之、李石曾等。

革命時間

馮最惡吾國人不守時間之惡習，因此發明「革命時間」一個名詞，以資提倡，即開會、宴會、預約等依時不誤是也。口號提出後，各種約會均比較好些，功效頗著，亦革命之一種小成功也。猶憶會師中原後，馮聽人說國民政府人員開會不依時間及虛耗金錢，特親撰聯一副，書贈袞袞諸公，聯云：

三點鐘開會，五點鐘到齊，是否真正革命精神？
一桌子餅乾，半桌子水果，忘記前敵饑寒將士！

復襯以「官僚舊樣」橫額。馮不獨革命，而且革面——革除體面，令人丟臉也。

革命棺

最沉痛而有久遠意義的就是「革命棺」。這名詞的由來，是因西北軍在豫魯冀與奉魯軍閥大戰時，每次開仗，陣亡人數以千百計，棺材不敷殮葬之用。不特士兵，即中下級軍官陣亡者亦無棺可殮。不得已，乃用白土布將屍纏裹，覆以軍旗或黨旗，運至鄭州碧沙崗埋葬。北伐成功後，馮撥款十餘萬元在該地建一先烈祠，派員專司其事，以為紀念。「馬革裹屍」之古代烈士，不得專美於前矣。

十字訣

西北軍有一很流行的「十字訣」，表出十件有趣事件，錄之如後，並附注釋。

簡部長一事不管

簡同志代理總政治部部長時，女同志數人互相攻訐，揭出某處長與某女同志發生某種關係，歷歷如繪，堅請整頓嚴辦以維風化而保部譽。簡見事涉少將處長，即請示總司令如何辦理。馮聽了笑道：「那好極了，男同志與女同志發生了密切關係，將來生下小同志來，不是好嗎？」簡笑答道：「恐怕小同志未產生之前早把老同志氣死了。」馮復大笑，此案竟一笑了之。簡自是一事不管。後來有人責備之，簡說：「非不管也，不能管也，既不能管，以不管管之可也。」後來春光洩露，全軍都知道了，某處長乃與該女同志正式結婚，並呈請總司令（那時軍事時期，軍令本不許結婚），馮批：「早一天好一天。」有情人卒成眷屬，皆部長一事不管之功也。

李同志兩度戀愛

政治部李同志先與某女同志有戀愛，繼又與另一女同志戀愛，軍中乃有此訣以謔之。

任處長三表官銜

已故任同志為豫中道長時，每有演說，必三表其官銜曰：「吾乃總司令部民政處長，兼鄭縣縣長，兼豫中道長……」（馮曾劃分豫省為若干區，各設道長，即前之道尹也。）

王道長四賢授首

洛陽道長王玉堂在任時，破除迷信，不遺餘力，親率差弁搜遍全洛神廟，打破偶像。洛陽古有四賢祠，供奉宋儒周、程、朱、張者。王不管三七二十一，將四賢像拉出廟外，斬首於通衢。

總司令五原誓師

十五年秋，馮由俄回國，整理部隊，於九月十八日在綏遠五原縣，就國民軍聯軍總司令職，並誓師參加國民革命。

馬顧問六根未淨

青年會幹事馬君，革命老同盟也，為馮之摯友，素熱心宗教事業。馮屢留之襄助政事，馬均辭不就，只受顧問名義。但其車駕卻不憚遠涉重洋，千里過從，時時出入於總司令部，且對於軍事、政治均表十二分興趣，故人以「六根未淨」嘲之。其實則馮極敬重其人，每有政治大問題發生，輒去電特請其來幫同解決也。

陳大嫂七擒七縱

開封市政籌備處陳處長，素有懼內之譽，西北軍中一般懼內同志均擁戴之為懼內會會長。陳會長嘗向眾宣言云：「天下沒有一個男人不怕老婆的，惟有我呢——我老婆不怕我。」陳大嫂確有糾糾雄風，七擒七縱之後「男人不復反」矣。

陳處長八面玲瓏

鄭州青年會幹事陳君，與馮友善，頗得信任，被任為農村訓練處副處長。歷換處長四次，而副處長不換，蓋陳應付各方面均甚圓滑，故有「八面玲瓏似水晶」之譽。

鄧主任九月勤王

開封民眾訓練處鄧主任與其女學生王同志因戀愛程度達於極點，遂於九月結婚，故云「九月勤王」。「勤王」云者，勤勞王事也。

凌市長十分掃興

凌同志與山東省府主席孫良誠為莫逆交。孫準備接收濟南時，委凌為市長。凌準備接事矣，而閱二日，西北軍全體退出山東，市長亦成過去黃花。縱不十分掃興，有也八九分了。

同志之分類

孫良誠總指揮部下有一位程師長，在泰安開軍民聯歡大會時站起來演說：「各位武裝同志，文裝同志，男同志，女同志，農工界同志，商界同志，和其他雜派同志……」

黃絹幼婦

某將軍題某巨公像贊云：「今年三十六，害國害不足，聞他怎麼的，妹妹有塊肉。」

不愧屋漏

馮部將韓某（不是山東的主席）嗜好甚多而深，但勇敢善戰，隨馮二十餘年，最忠於馮而又最怕馮。每遇戰事發生他即來投軍，必赴前敵，出死入生，立功不少。但戰事一完了，他即悄然不告而別，蓋懼馮繩以軍法也。有一次馮訓以革命軍人當戒絕嗜好，韓答：「報告總司令，除了吃喝嫖賭外，我沒有什麼別的嗜好。」馮以軍事期間，將才不易得，亦一笑置之。

四不像子

鄧萃英（芝園）為哥倫比亞大學教育科專門畢業生，曾在北平教育部任事，並曾任師範大學校長，素與西北軍有關係。西北軍既入豫，鄧亦投筆從戎，馮委以總部機要處長職，亦皇皇然穿上灰布軍服佩其陸軍中將襟章了。一日與我閒談，不知其剛碰了一個什麼釘子，感慨交集，喟然興嗟曰：「我倆出身同，境遇同，待遇同。我倆真是姜太公的坐騎，四不像子。」我問何為「四不像子」？他道：「像學者而不是學者，一不像也；像軍人而不是軍人，二不像也；像官僚而不是官僚，三不像也；像政客而不是政客，四不像也。」當時我聽了，對著鏡子瞧瞧自己，點點一掃而光的頭，微笑道：「老鄧說的不錯。」再深想一層，臉上的顏色突變，與襟上紅色三粒星的陸軍中將襟章互相輝映。

火鍋象徵

十八年冬，馮在山西河邊村居住為閻先生「上賓」時，國民軍大舉攻豫，蔣總司令亦竭全力攻之。兩軍交綏異常激烈，戰報每日由無線電拍到河邊村報告閻、馮。那時偶然發生了一趣事：戰事消息勝利的那一天，馮等那兩餐吃飯的火鍋內容非常豐美，有肉圓，有魚片，有海參，甚至有鮑魚。若是國民軍打得不好那一天，火鍋內材料便只見粉條、白菜、豆腐等素菜而已。所以一般食客每餐吃飯掀開鍋蓋之時，必笑道：「看著今天前線消息如何吧！」還有一位聰明的女詩人作了一首歌，其第一句便是：「欲知消息看火鍋。」這個趣事的發現者卻被馮先生說了一句：「真是缺德！」說完他也捧腹大笑。

三十六著

民十九，北平擴大會議全場一致推舉閻將軍錫山為中華民國國民政府主席。閻先生遂於九月初旬由山西太原乘正太鐵路車到石家莊轉乘平漢路專車赴平，選定黃道吉日就主席職。所選定的乃是民國十九年九月九日九時。就職之後，那飛將軍張惠長的飛機立刻由濟南軋軋地飛到北平，連擲炸彈數枚以志恭賀，有一枚正落在中海懷仁堂面前的湖裡。因此之故，剛剛登其大寶的閻主席，便感覺有巡視前線之必要。寶座還未坐暖，立即乘原車南行了。一般迷信的同志們，仰天長歎道：「冥冥中自有天數在焉！四九三十六著，欲不走其可得乎！」

無字真經

閻先生到北平時，傳說其晚上赴宴，看見同志們打牌，輸贏巨萬。他生怕人家拉他入場，敲他竹槓，那時卻之不恭，順之不敢，於是眉頭一皺，計上心來，背著手兒從四家大將後邊繞著參觀，卻見一家手上有一對白板，乃故作驚異地喊道：「哦！為什麼有一對沒字沒花的牌兒呢？」那位先生真倒楣，手上的牌被他老人家道破，氣惱極了。那三家和一屋的賓客都笑他老人家不會打牌，連白板都不認得，於是不特沒有人請他下場，就連旁觀也表示拒絕了。他老人家手捻黑鬚，一邊走一邊微笑，心裡說：「正中了山人妙算了。」

火柴功用

擴大會議時代，閻既迫令韓復榘退出山東，即以石友三繼任主席，但單給他一座濟南城，軍民財政俱由閻派人主持。石大不高興，抽兵旁觀，閻乃派大將傅作義帶兵三四萬人入魯。蔣總司令既在河南暫取守勢，急調十九路軍蔣、蔡二師攻魯，節節勝利，攻下濟南，晉軍幾至全軍覆沒。傳說其失敗之由——真是滑稽之尤——因為連下了幾天雨，晉軍在戰壕中，火柴都被淋濕，不能發火吸白麵（即海洛英）毒品，所以無力抵抗了。火柴之功用大矣哉（後來瑞士火柴大王自殺了，未知是否得聞此事而氣死的）。

妙聯兩副

民十九西北軍再次用兵中原，與中央軍大戰數月，地方糜爛，生靈塗炭。聯軍中有孫殿英及萬德英（選才）二軍，紀律欠佳，人民尤苦之。西北軍路同志恭製一聯以志其盛，聯云：

中原已是巴爾幹；
西土不如海洛英。

「西土」和「海洛英」均是毒品，而前者之毒遠遜後者，又暗指西北軍之帶西土出關，其為害遠遜兩英也。

民十九總司令部發了許多顧問、參議等聘書，以羅致天下英雄豪傑。軍中好事者又撰一聯曰：

一日兩餐，三心二意（協參議）；
顧此失彼，問東答西。

老馬識途

馬老將軍福祥生時，治家教子最嚴，小將鴻逵素畏之，每當庭訓必受責備。某年正值老將軍壽誕，北京大總統賜題「壽」字作賀。鴻逵多方運動，得為賚贈題字的專使，遠道回家祝壽，以為身居堂堂「欽差」地位，這回可免受家教了。及大吹大擂大搖大擺的到家時，老將軍因總統題贈之故，只好忍氣吞聲，不得不大開中門親迎入禮堂，延之上座，拜受題字。招待專使大禮既畢，旋即轉入內庭相敘。老將軍走進裡邊，即大喝一聲：「把那荒唐小子綁了，拉下去重責五十軍棍！」家法申過，老將軍一肚子的烏煙瘴氣才算雪了一點兒。

古董製造廠

十八年春余遊西安，從事搜羅漢瓦。據說，西安名士××能書能畫，且係考古名家，所藏秦、漢、魏、隋古物甚富，我託人介紹親詣其大府參觀。那時他老先生已去滬上，只留家人看家。家人招待殷勤，引我去看了不少古董。末了還帶引我直去到屋後一所地方，內裡有不少漢瓦模型，更有殘瓦多種和製瓦工具，一望而知這是仿製秦、漢、魏、隋破瓦碑像的工廠。看完之後，我心中若有覺悟，自此搜羅漢瓦的興趣便完全淡了。後來又聽說這位老名士從前出賣碑瓦古物，很賺了不少的錢，尤其是賣給日本帝國博物院一個古碑價值十萬元。後來證明是贗品，那個經手的日本人因此受了重罰，他便在中國控告這名士誆騙之罪。但那名士申辨：石碑一塊是照雙方訂明之價賣出，但真贗與否並無保證。結果，他又贏了官司。所聞如是，姑妄志之。

上國文明

民十三，馮實行首都革命逐溥儀出宮而軟禁之後，溥儀之師英人莊士敦乃運動英公使出頭向王正廷說項，求勿殺之，時王任攝閣之外交部長也。王答云：「請貴公使放心。按敝國歷史文明規矩，革命成功之後從來不殺遜位之君者，斷不至如貴國前人革命時曾斬皇帝之頭也。」公使頗熟歷史，不能置辯，唯唯而退。

老熊作態

民十七夏六月初旬，國民革命軍北伐大勝。韓復榘將軍率其部下百戰健兒於三晝夜間跑八百里路，沿平漢路北上，首抵北平南苑。一時中外人驚訝，外報且有頌為「飛將軍」者。時奉軍留鮑毓麟一旅守城，故都人士欲避免流血，乃由耆紳熊希齡、王士珍等出頭與雙方磋商和平解決辦法。韓回函與熊等答應條件，不料其書記官在信封上誤書「熊」字作「態」字。熊不悅，後面訴諸韓，以為西北無人才之證。韓道歉，甚感不安也。此熊為我自道者。

平等真諦

民十五六年間，西北軍既實行黨化，乃廣用政治工作人員施行政治訓練，其中有誤解平等之理者，未免有搖惑軍心之危，復有搖動背叛之險，馮亟思糾正此錯誤觀念。某日，對軍隊訓話時，馮發揮平等真請，先問：「平等是不是人人都要一般高之解？」眾答：「是呀！」馮說：「好，那就應先要把馮玉祥的頭砍了，因為我比您們都高；隨後也要把軍中的長漢子，都要減低幾寸，這行不行？」眾大聲呼：「不行。」馮又問：「平等是不是要人人都步行不騎馬的？」眾答：「是呀！」馮答：「那麼，我們的騎兵都要跑步了，我們的大炮都要用人拉了（因為馬拉炮，炮兵騎馬），那又行不行？」眾又齊答：「不行。」

馮然後發揮平等真義……（演說從略以避宣傳之嫌也）。

彼一時也此一時也

徐謙為馮多年老友，而西北將領以其為政客也，多不喜之。顧民十五六間在武漢國民政府時代，徐為中央聯席會議主席，煊赫之勢，一時無兩。時李鳴鐘已離軍職，往謁見，傳達候見，甚為麻煩。李歸而感慨大生，喟然歎曰：「從前徐季龍去見我們，有點費事；現在我們來見他，也有點費事。」

馬不吃豬

民十六，西北軍復出中原後，有政治工作人員提倡反宗教運動。馮召其領袖駁斥曰：「國民黨黨綱是宗教信仰自由的，試問三民主義中那一篇、那一行是反對宗教的？就本軍而論尤其不能反對信教，一因本軍原是全體信奉基督教的，現在仍有多人誠心信奉，萬不能排除他們；次因，現有三四萬信回教的軍隊與本軍聯成一體了，您們一定要馬鴻逵、馬鴻賓吃豬肉，方許他們革命嗎？真真豈有此理，胡說霸道！」關於二馬一語幽默可賞，故錄於此。

姓名成讖

民十四年間，西北軍與李景林之直軍戰於北平、天津鐵路上。西北軍有旅長名過之綱者違令前進，致誤戎機，即電馮請罪，內有云：「……此乃綱之過也。」把自己姓名先後倒寫，卻成罪案，可謂巧極！

反蔣條件

在擴大會議時期，馮、閻派人去運動×將軍加入反蔣戰線。×將軍先問唐生智是反蔣抑是擁蔣，他說：「我與唐某是誓不前立的，如果他擁蔣，我就反蔣；如果他反蔣，我就擁蔣。毫無問題。」

斷句取義

馮、于等初由蘇聯回國時，因是時國民黨正採聯蘇政策而與共產黨合作，西北軍政治部之共黨分子即到處唱其〈國際歌〉，並在軍隊教士兵唱之。歌詞內有一句云：「莫要說我們一錢不值，我們要作世界的主人。」有一兵只唱了半句「我們一錢不值」，大發牢騷云：「我們真是一文不值，沒有領餉兩年多了。」

「其言也善」

魏宗晉氏極為馮所信任，歷任西北軍軍需處長多年，又嘗一度任山東財政廳長，最近不幸在張家口被仇人暗殺斃命。嘗記其前年因慼歷年軍人內戰之殃民禍國，喟然曰：「凡是內戰，槍炮是外國來的，子彈、炮彈是外國來的，炸藥、鐵器是外國來的，金錢是外國來的，甚至近年則白麵粉、軍糧也是外國來的，只有在戰場上互相殺死的同胞的血和肉是中國的。」其育滑稽而沉痛，亦大覺悟之語也。

貯淚以待

十八年，韓復榘、石友三、馬鴻逵等脫離馮後，鹿鍾麟等老將極力設法運動使韓等翻然來歸，惟恐馮繩以軍法，乃向馮先行請求勿加之罪。馮批其保本云：「罪什麼？回來後也不過抱頭痛哭而已。」事卒無成。

有而不多

馮煥章任陸軍檢閱使時，軍餉支絀，士兵軍服不全，夏日猶穿棉衣。一日營門外一兵坐在那裡捉蝨子，馮來即起立敬禮。馮笑問：「捉蝨子嗎？」這飽受道德訓練的大兵很謙虛地答：「不很多。」

衛生補品

石敬亭在山東泰安任代理主席時嘗對人說：「吃過晚飯搓幾圈『衛生麻將』也不大要緊。」

新國際

十六年春，鹿鍾麟從蘇聯遊歷回國，著實受了「第三國際」所感動，於是在歸途中提議發起「第六國際」。據其自言，所謂「六」者，「馬牛羊，雞犬豕」是也。但不知原意是這六種全行算上，抑只是其中之第六種，我們應向鹿同志質問。

語病

十九年，鹿鍾麟在豫反蔣任前敵總指揮，祕書為其草檄，內有「不知鹿死誰手」及「中原逐鹿」等句。鹿閱稿至此二語，大呼不妥，執筆刪去。

東南風

所謂「序」

《西北風》即在本刊發表完，友人們讀之頗覺有趣，乃慫恿余續將個人所聞所知而常所樂道之中外各方人物的趣聞軼事，如前書出，余諾焉。信筆寫來，已有一百多條。《論語》編者聞而索取此稿。余思此等遊戲文章若「藏諸名山」，未免可惜，苟長留諸篋中，又恐徒為蠹魚供給多量之食料耳，遂慷慨付與。然何以名吾篇耶？乃念夫罵人之風，既有春夏秋冬之分（看《十日談》豈凡著〈罵人風與吐瀉〉），則幽默之風已有西北，又曷不可並列東南？然而東南風之所以為東南，又不盡同於西北風之所以為西北。由是不得不為之序。

猶記今年夏間，全國天氣奇熱。天津、北平、鄭州、杭州寒暑表高達百十五度，上海、南京、亦達百零五度，廣州、香港則雖不過九十餘度，然以氣候潮濕，濕氣低壓，困人殊甚，其熱尤苦。但最熱的那一天，馬路上的柏油竟然熔軟如牛皮糖，而桌子上之洋蠟燭則更彎曲似小駝子。是日也，天太朗而氣不清，不要說路上行人欲發暈，就是靜坐室裡有閒階級的男女眾生，也無不變為汗淋院暑吉士，鎮日神昏而氣悶。一時，扇子之效力甚微，冰水之功能有限。忽然間，一陣東南風，習習撲來，融融吹過。唉唷唷！真涼真涼！霎時間，暑氣頓消，昏悶都化，全身暢適。爽快啊！開心哉！愜意呀！舒服啦！安樂咯！偉矣哉東南風！

妙矣哉東南風！骨予（Good）矣哉東南風！

嗚呼！人生者苦悶之積也。尤其是生於中華民國現在的人民，時時處處都是宛似在百廿度以上頂熱的氣候中過活。大而在世界、國家、社會，小而在家庭、團體，一身之間無不遇有種種無妄之災，或意外之劫，或失意之事，或缺乏之憂……之不斷的侵襲。信乎萬象無常，惟苦有常——與生俱來，與生同在。彼喬答摩垂訓「四聖諦」中之第一「苦諦」，誠為不可磨滅的真理矣。在此悠悠數十寒暑的生活期間，「不如意事十居八九」，苦惱之時總占過半！然則人將何以為生耶？何以去苦求樂耶？是則舉凡一般宗教家、哲學家、科學家，以及藝術家所孜孜努力之異軌同歸及分工合作的究竟也。

於此，吾人所欲作一小貢獻於「苦悶的人生」者，乃在行起人們的「幽默感」（Sense of humor）——使縱在極愁苦的生活中，仍可見一絲的趣味而發一笑。誠能如是，生趣未滅，則苦中自覺還有樂境，而苦之為苦自然滅煞其壓迫生力和摧殘生機之功能矣。是故笑能去苦，笑能加增生力，笑能開發生機。且笑之功用遠勝於哭：笑著去做工、去打仗、去救國，其能力和成績必大於哭著的；含笑而受苦而殉難或就義，其勇氣和壯烈必比垂淚而引頸就戮的尤強。總而言之，同是在苦難中度生活，而仍能發笑的人——即有幽默感覺的人——已戰勝一切苦難了。「噫，死亡啊！你的刺究在那裡？」（Oh, Death! where is thy sting?）這是饒有生趣、生力充足和生機活潑者之凱歌！這是幽默給「苦悶的人生」最後的勝利！

雖然，哭是人人會哭，人人必哭，人人常哭；而笑則人人未必會，未必善，即會矣善矣亦未必多，此所以能常常使人多多發笑之貢獻，確是有特殊價值也。是故幽默者，常在奇熱昏悶的氣候中之「苦悶的人生」之東南風也。吾即以「東南風」名吾篇，用意亦端在乎此。

一九三三年十月三日於上海寶一瓦齋

也有「凡例」

一、本篇也有十戒：（1）羌無事實者不錄；（2）猥褻不雅者不錄；（3）損人名譽者不錄；（4）揭發陰私者不錄；（5）缺幽默者不錄；（6）曾經發表者不錄；（7）違反《論語》同人十戒條者不錄；（8）牽涉政潮、搗亂大局者不錄；（9）其他一切不應錄不足錄和不屑錄者不錄；（10）不錄者不錄。

二、本篇所載故事多有涉及個人知交或社會名流甚或當代偉人者，動機原是純善的——博得人人一粲而已，並無任何歹意惡作用於其間。區區之心，可質天月（注意：鄙人是長期抵抗者，不稱其名，以示積極也）。

凡有大名出現於各條者，准作是我們所「看得起的」人（參看本刊戒條之二），其人因不必「受寵若驚」，但切不宜輕易發怨埋怨著者。須知，輕怒者有礙衛生，「睚眦必報」者，最乏幽默感。若能犧牲自己一些以給人們多量之快樂，又何樂而不為乎？提前道歉，知我諒我。

三、以前在本刊所發表之《西北風》，也是適用上兩條。「凡例」附注於此，以補遺漏。本來尚有凡例之四，脫稿後見其無關重要，故刪去。

總理軼聞

先總理孫中山先生一生之豐功偉績，傳之者已甚眾，惟其童年軼事，知者尚鮮。余從總理淑配盧太夫人及其賢媳陳淑英夫人兩處，得聞口述故事多端。茲選其足以振柔立懦為後世永垂人格典型者三則，恭述於後，以顯潛德而發幽光。列為《東南風》之冠，宜矣。

總理童時，即具有大無畏之精神，常為他人所不敢為之事，而且賦性剛直不屈，好打不平——一如其後來一生之德性。他的翠亨本鄉有神廟一，供奉「金花娘娘」偶像。一日，總理私入廟中將金花娘娘之手指、足趾一一斷去。及村人察知，大起恐慌，但究不知是誰作此孽也。六十年前敢為此事於村中，洵是奇童！

總理家早年仍拜事偶像，其母每於節期及每月初一，必焚香點燭、宰雞煮肉以供奉神祇，禮拜甚恭。總理乘入不覺，即偷擇肥肉取去大嚼。其始，家人察覺牲品每每失去，莫名其妙，後來乃知是總理所為，其母乃執之大罵「死仔」。總理斤斤抗議云：「死菩薩未食，且讓活菩薩先食罷！」此是幽默上乘。

村中有蓋茅棚營油炸業為活者。有一天，總理與其同村總角交陸皓東氏（即與總理首倡革命殉難四烈士之一）共嬉戲於茅棚之旁。兩童好奇心切，於棚側私挖一孔以窺探棚內賣油炸者如何工作。詎料此傖忽然發怒，竟以滾油向兩童迎頭潑去，幾傷兩者之眼睛及皮膚。總理以其蠻橫無理殘暴傷人，欺凌弱小，即決心有以報之。於是走至距棚稍遠之處，飛擲一石塊於棚內，石塊不偏不倚，適中油鍋當中，鍋穿油漏，兩童逸去。賣油炸者自審理虧，恐動公憤，不敢與較焉。總理與陸皓東二人乃得躊躇滿志。跡總理一生革命四十年，其間覆清廷、倒洪憲、打軍閥，以至要打倒帝國主義，均無非繼續及擴大其童年打倒殘暴蠻橫、欺凌弱小之賣油炸者之精神及努力而已。如此積極抵抗的精神及人格，洵可為國難中之國民作模範也。

此稿經孫哲生院長夫人陳淑英女士看過認可。附志於此，以示本篇材料均是「貨真價實」、「童叟無欺」者。

有此一說

有人問胡漢民說：「有人謂先生今年貴庚五十△歲；對不對呢？」胡捻鬚微笑答：「有此一說。」

語言誤會

戴季陶到香港時，寓某外國旅館中。晨興，戴欲閱報，乃按鈴呼侍役住購「新聞紙」。不幸戴所操者是國語，侍役粵人不曉聽，卻誤以為「三文治」，即取火腿麵包一盤以進。戴急極，忙說，「不是這個，我要報紙。」侍役退，頃又拿包子一盤以進，蓋又誤會「報紙」為「包子」也。戴更急，即取紙筆大書「新聞紙」三字，侍役不禁發笑，乃取回三文治及包子兩盤而另購報奉上。

白板對碰

陸榮廷自卸去兩粵軍政權後，即北上息影滬蘇，時與友朋作方城戲，以資消遣。陸老眼昏花，錯誤難免，最可發噱者，有一次彼摸上四隻白板，卻不會開槓，將其分列兩邊，老叫對碰。別家和出後，他生氣，將臺上之牌看完，再找不出一隻白板；又將三家牌看完，又找不出，即高聲抗議：「這副牌有毛病，只得兩隻白板，怪不得我叫對碰叫了半天總和不出了。」有人問：「您老究竟叫白板和甚麼對碰呀？」彼此一看，原來是白板和白板對碰，舉座乃哄然大笑。

伍使妙語

伍老博士廷芳性最滑稽，任駐美公使時，有美國人不識其地位者問之曰：“What kind of ‘nese’ are you——Chinese, Japanese，or Siamese?” 譯即：「君是甚麼人——中國人，日本人，抑暹羅人？」但其問法極為輕薄。伍不慌不忙，從容答：“I am Chinese. Say, what kind of ‘key’are you——Yankee, donkey, or monkey?” 譯即：「我是中國人。喂，您究竟是

甚麼東西——美人，驢子，抑猴子呢？」蓋此三者，英語末音均為"key"，與該人適所問者針鋒相對，且諧謔過之。

隨人鼓掌

朱××氏嘗環遊世界，由美回國時船上有一賽會，船主以未曾任中華民國顯職，特請其頒發獎品，乃為之介紹，言多讚揚之辭。言畢，聽眾鼓掌，朱不懂英文，不知船主之頌揚自己，見人鼓掌，彼亦鼓掌，船人竊笑。

我亦不知

穆××年少留學美國時，英文程度不甚佳，初入校之日，打中國式的英語對教授言：「余小子年輕識淺，不知天高地厚，請先生不吝指教。」但在英文說來即是：「我年紀輕，沒知識，我不知道天有多高，地有多厚，請您告訴我。」教授搖頭答：「我也不知道啊。」全堂大笑。

自以為是

同事伍君，美國哥倫比亞大學畢業碩士也。初回廣州，寓某旅館。晨起，按鈴呼侍役，至則操最純正之英語要取："Coffee and toast." 侍役問：「您要咖啡，還有甚麼？」伍答：「烤過的麵包。」侍役說：「哦！您要咖啡，土司。您不懂英文，別亂說罷！」伍又氣又惱，又不知怎好。

寡言總統

美國前總統古列治性沉默，寡言笑，為最著名之少說話的人。有一次，議員某疑其為社會主義者，用長篇大論的演說辭攻擊，力證其是社會主義者。古氏只用兩個短字回答："O, no."

又有一次在晚宴席上，有二婦人坐於古氏之旁。席間，古氏如常不與其說話。一婦戲與鄰婦賭賽謂，席未終總統至少對她講三個字。席將散，古仍不發一言。婦焦急，覥顏求之曰：「總統先生（美人稱總統如此）我與鄰婦打賭，席未終您至少對我說三個字哩，請您救救我罷。」古氏微笑告之：「您輸。」竟然只說了兩個字而已。

端方受窘

端方氏昔充考查政治大臣到外國去。某大飯店之大門是分兩邊出入自行旋轉者，端入時推門，隨門旋轉，轉了許久仍不知如何走出。後同人按門使停，施之而出，始獲自由，固已焦急生汗矣。出後大罵外人造此等門為笨極。

卅碟豬排

同鄉謝牧師前曾隻身渡太平洋，以不識英文，甚不方便。由舊金山獨自乘車至紐約時，預料言語不通購食至難，則先請一人寫好菜色名字於小紙上以資應變。詎該人只替他寫了「豬排」一味。車上牧師餓時只有將此紙示餐車侍者，乃得豬排一碟，每日三餐，一連五日，三五一十五，共吃了豬排一十五隻，已覺饜極。及在紐約公畢，匆匆上車西返，又忘卻請人另寫一張，一連五日，每日三餐，三五一十五，又吃了豬排十五碟。一來一回共吃了三十碟，以後畢生提起豬排便覺頭痛。

以臉還臉

美前總統威爾遜有一天出門，有頑童在街上向其伸舌瞪目作醜怪臉相向。隨侍祕書欲呵責之，威氏止之曰：「不必，我已用好方法對付他了。」祕書問其何法，則答：「無他，我向著他照樣伸舌瞪眼，做一個更醜怪的鬼臉。」有人謂這是威氏的外交政策。

客套惹禍

徐樹錚在段祺瑞任執政時，赴法遊歷，在巴黎宴其朝野名流於某大旅館餐室。膳單極為名貴，為該旅館所特製者，每份所費不貲。詎主人徐氏站立演說時，用真正中國式的客氣話說：「……今晚所備的菜是菲薄粗劣，不堪招待各位貴賓，真對不住。」翻譯者照樣譯出法文。但那旅館司理人聽了，以為自己特別巴結，親製佳膳，而主人竟當眾詆毀，大礙名譽，非提起公訴要求名譽賠償不可。後來幾經交涉、解釋、磋商，迫得徐要登報解釋誤會，方得了事。真笑話了！

靳帥通電

民十六，奉直聯合佔領北京，馮玉祥之國民軍遠退西北，後復加入國民革命軍，與南方之革命軍聯合北伐。吳佩孚委靳云鶚為討赤軍總司令。所謂「赤」者，當時即指南蔣北馮也。靳總司令頒討赤檄文，其中至精警之一聯云：「假共產之名，行赤化之實。」

福帥趣聞

前粵民軍統領——後曾任國民第五軍軍長——李福林，出身綠林，加入老同盟會參加革命最早，以故頗有功於民國。聞其少年時，貧不能耐，謀行劫，但無槍械，乃藏玻璃燈筒於衣袋，偽飾為手槍，單身入店鋪行劫。盜眾服其勇且智，群奉為首領，故其綽號即「李燈筒」是也。反正後，以回應功得任統領，後官星拱照，在粵任軍官十餘年。貴後，儕輩仍以「燈筒」呼之，李亦應焉，且直以「登同」為正式別號——取「人登大同」之義，亦滑稽之甚矣。

登同將軍既崛起草莽，不擅文學，尤缺辯才，但身為將軍，少不了種種演說應酬之事，因而笑話百出，姑錄其三則於次。

有一次，軍隊開駐某地，紮營畢，參謀長請軍長訓話，登同固辭不獲，乃跚跚登壇對部眾言：「□□媽（粵罵人穢語）！你們這班契弟（即兔子，粵罵人語），在這裡食，不要在這裡痾（拉屎）啊！完了。」其義即是教兵士們在哪裡駐紮，千萬勿騷擾地方百姓也。言簡而意賅，將軍之訓辭有焉。吾並深願全國軍隊均以這一句為標語。

又一次，某校行畢業禮，請軍長駕臨演說。登同命祕書長做了一篇洋洋灑灑的大文章，預備當眾宣讀。不料站起來讀了兩行，已訥訥然不易出口，更有一二個字不認識的，將軍即輟讀，將演講稿放在桌上說：「□□媽！還是請做文章的祕書長讀下去罷！」

再一次，將軍在軍中訓話「□□媽！哪有爛仔（地痞、歹人之類）不聽阿哥頭（首領）話的？哪有老舉（妓女）不聽龜公話的？完了。」其義蓋要軍人服從長官也。這也是言簡意賅，合作軍中標語！

偷雞省長

前廣東省長張錦芳，出身訓蒙塾師，因入了廣西強盜陸榮廷等的夥（陸本土匪出身，原名陸亞宋），歷久，有功。陸等主粵政，隨而主粵，得任省長。人盛傳其微時曾偷雞，故綽號「偷雞省長」。張自知之，懟甚。一日英領事到拜會，省長乘機消消其滿胸抑鬱氣，向翻譯云：「人們叫我做偷雞省長，真真豈有此理！莫非我偷過他們老婆的雞嗎？你對領事說！你對領事說！」翻譯不知所從。「偷人老婆的雞」云者，粵穢語，即私其妻之謂也。

省長致詞

前廣東省長李耀漢也是綠林好漢出身的。任省長時，適粵省議會閉會，請其出席致辭。省長衣黑呢絨大禮服，戴絲製高禮帽，昂昂然、施施然而到會，及站起來講話，躊躇了半晌，才說得一句：「諸君來了這裡有好幾個月了。」又沉吟了一兩分鐘，才說：「很辛苦吧！」訥訥然再過一會又說一句：「回去歇歇也應該了。」完了，即退坐壇中。按據演說學的科學原則，這寥寥三句話，已具有一起、一承、一結三段，又包括了已往、現在、將來三時間，甚得言簡意賅之妙，應為不朽之模範演說辭也。

天王寒暄

前廣東督軍龍濟光——即袁世凱稱帝時所封為郡王者，部下有「四大天王」，其中之一綽號叫「豆皮櫨」。櫨哥每與稱呼，即聞人之姓字即回答：「久仰大名，如雷貫耳。高山仰止，景行行止。雖未曾見，而心焉嚮往之。足下造福民國，前程無限，尚祈勉之。鄙人統帶第×號扒船（兵船），家住××街，門牌第×號。有時候請過去坐。請呀！」

三保三無

岑春煊、唐繼堯等在粵起義討袁時，在肇慶設都司令部。岑、唐分任正副都司令，而任梁啟超為都參謀。梁時正丁父憂，乃祕不發喪，任其都參謀如恒。胡漢民聞其事，一日忽拍案高叫：「吾偶得一妙聯。」一座中驚問，則朗朗誦出聯語云：

諸葛亮七擒七縱；
梁啟超三保三無。

（按：「三保」者，譏其曾保皇、保袁、保段也：「三無」者，譏其無君、無師，茲以父死不守制，故復無父也。）

三民主義

閻將軍之靈魂趙老師，晉之耆宿也。一日，夜觀星象，指天對人云：「那一顆大星是咱們閻總司令，大星旁那顆小星就是我。」

老師一日為人講「三民主義」云：「蔣總司令是一民主義，馮總司令又是一民主義，咱們總司令又是一民主義，合成三民主義。」老師其東方朔之流亞歟。友人為我述此，確否未詳。

梁氏聯話

中委而榮任立法院委員兼祕書長梁寒操氏，博學多才，性尤好詼諧，素有「高要才子」之稱（梁原籍廣東高要）。某日赴孫哲生院長家宴會，與同席者相戲為謔。梁即席贈同席劉維織（號季生）一聯云：

懼同陳季常；
慘過唐生智。

劉素有懼內之譽，上聯切中隱病；下聯則指民十九年劉任平漢路局長時出巡鄭州，適遇唐孟瀟將軍宣布反蔣，即被扣留之事也。

梁即席又贈同席簡又文一聯，亦至為工整，且極盡「挖苦」之能事：

簡直一員大武（大武，牛也）；
又充無籟斯文。

後聯由帶發生一趣事：越數日，梁將此「得意之作」順手寫在一名片背面以示鄭洪年氏。又越數日，鄭無意中用此名片送物至上海寰球學生會。該會幹事得閱此聯，真是莫名其妙，即以詢鄭。鄭笑為解答前因後果，乃相與大笑。隨後鄭並贈簡四字橫額也襯上聯，字是「名振寰球」。梁又為粵名士簡琴石做一聯云：

焚琴煮鶴；
走石飛沙。

人名製謎

民二十一年古應芬在粵主持非常會議的國民政府時，曾製一謎：「陳琳檄。」射時人名一。即「寒操」也。甚妥切！

姓名聯語

有以老黨人謝英伯之名製成一聯云：

謝謝英人打種；
哀哀伯道無兒。

此雖有趣，然不特謔而且虐，尤為刻毒之至，君子不取焉。

淡如諧聯

粵故名舉人何又雄（淡如）性滑稽，作諧聯極多，傳頌百粵，梁紀佩氏曾輯之成秩印行。茲再錄所聞諧聯及軼事數則，以補是篇之所未載者。

在書塾大門有自撰聯一，此為梁士詒氏生前為我所述者，梁幼時曾在何塾受業也，聯云：

天增歲月人增壽；
你有藤牌我有槍。

何於晚年時自製「書懷」聯上比云：

剩得兩撇鬍鬚，啟後唔知怎算好（唔者不也）；

正苦思下比未得之際，其子見之，執筆書對云：

養成一身貴骨，從今改過未為遲。

字句工整，意思尤貼切兩人身分，允稱佳作。

有新結婚之家，少年輩循俗例有鬧新房之舉，言行粗俗至令新娘不能耐。新娘故博學多才者，即開口謂：「諸君鬧新房，固是雅致之事，但俗不可耐，令人難堪。茲有七言夾聯一，請諸君屬對，以雅趣而適於鬧新房性質者為合格。對得好，任諸君要賞。不能，則請毋再事胡鬧，以免枉廢此一刻千金之春宵也。」眾強諾之，視其題目則為：

天〇〇〇〇〇地

眾人固多胸無點墨之紈袴少年，睹此不禁面面相覷。有憶起何老師淡如適亦赴宴者，乃趨客廳尋得，訴其如此如此，切請老師幫忙以挽回家人面子。老師既聞其題目，則莞爾而笑，允其請，眾則復返新房與新娘訂明賞品之數。老師旋於咳嗽聲中步入新房，懷筆書對云：

天光你重摩人地

此粵土語，意即作新娘口吻嗔新郎云：「天光了，你還摸人家嗎！」眾拍掌大笑，新娘忸怩不安，卒頒賞而罷。

何老師改文章時，有奇癖，必置燒肉一斤，切為碎塊，置於案側，且改且吃。燒肉吃盡，文章亦改畢矣。

有一日，老師閱學生文章，內有一卷，文義均不通。老師以筆批下列數字於卷末：「我明日搭渡（搭渡，粵諳，即乘渡船也）過佛山。」翌日學生得卷，不知其意義，趨問焉。老師捻鬚答：「哦！我的批語，你不知怎解嗎？你的文章，我也不明白怎解！」

歪聯正批

某君改革命聯懸諸廁門云：

尚未成功；
仍須努力。

狎大人、侮聖人之言是禽獸也，當屏之東夷——即滿洲國——不與同黨國！此批。

妙聯數則

余之「雜碎」札記本錄有妙聯數則，抽出轉抄於此，一可分類，二可為我那本札記之一度「清黨運動」也。

（其一）

未得一心齊向敵；
中生重耳晉亡人。

（其二）

好花未放難留蝶；
諸葛先生是臥龍。

（其三）

有酒何妨邀月飲；
無錢那得食雲吞（即餛飩）。

（其四）

公門桃李爭榮日；
法國荷蘭比利時。

（其五）

雲封石峽迷龍眼；
雨灑桂林潤馬蹄。
（按：「石峽龍眼」、「桂林馬蹄」（即荸薺）均兩粵土產。）

（其六）

若不撇開終是苦；
各能收斂自成名。

此聯拆字為對，語重心長，足為名利場中追逐不息者之座右銘。

輓廖公聯

廖公仲凱，革命元勳也，前在粵遭暗殺，時任中央黨部工人部長。新聞記者孔××製一輓聯云：

工黨出頭，如今部長先歸土；
廖公飲彈，此後國民庶有瘳。

時粵中工人聲勢喧赫，孔持示友人，友即警告之云：「此聯反動之尤，苟一發表，君即須與廖公於地下開交涉矣。」孔乃不敢再以示人。此故友張亦鏡君為我述者。

粵人賽聯

粵中文人好作賽聯之戲，猶憶民一二年有某聯場，出比云：

權未可爭須向學

榜發，其殿軍一聯饒有趣味，且冷語諷世，意主深刻，語云：

勢唔估到咁收科

此粵土話，意即「想不到這樣收場也」，取為殿軍，閱卷者之幽默可賞。

敝人薄有

二十餘年前，粵人為爭回粵漢鐵路自辦事掀起大風潮，開民眾大會募股，舉富紳黃景棠（詔平）主其事。黃登壇演說云：「鄙人薄有家財，人所共知……」黃以富受人推戴，言此所以堅人之信仰也。乃有律師李某繼起演說，而作效顰之語曰：「鄙人薄有名譽，人所共聞……」眾嗤之以鼻。續有記者真任衡——大麻子而素以刀筆著者，起立演說，則曰：「鄙人薄有豆皮（即麻也），亦人所共見……」一座哄堂大笑。

孫科幽默

立法院長孫哲生容貌嚴肅，素性沉默，寡言笑，甚若缺幽默感者。惟當熱河告急時，謠傳深入熱地之孫殿英將軍已降偽國，孫聞而對座上客言：「他人可降，孫殿英斷然不降。」客叩其故，則莞爾答云：「第一，因他是姓孫的，姓孫的無降將軍；次因他曾刨掘清皇陵，是滿人不共戴天之仇，投降滿洲，豈非送死？」闔座稱善。則孫氏之富有幽默感固不讓人也。

太簡不文

前年，簡又文任廣州市社會局長，有二要政：（一）拆政府城隍廟為國貨陳列所；（二）禁止兒童入劇場觀劇。其友「呂師爺」戲贈聯云：

改城隍廟作國貨場，無乃太簡；

由社會局申教育令，又屬不文。

李相趣事

李鴻章曩在英國倫敦赴某貴族宴會時，席間咳嗽，即隨手取座前盛香檳酒之小玻杯，吐出濃痰一口於其中，復置座前。玻璃杯罩了黃綠的液質，色如翠玉，反光四射，頗為美觀，而舉座失色矣。

又聞李赴英女皇御宴時，以咖啡太熱，傾於小碟內，一口一口從容呷之。座中皆貴客，無不掩口竊笑。女皇為主人，恐這位中國上賓難過，自己也傾咖啡於小碟內，照樣舉呷以陪李。人謂李鴻章笨拙丟臉，我說英女皇精乖伶俐。

隔年請帖

友人寶樂山君一日自外歸家，見有請帖一張，訂於是日下午六時，請其夫妻二人到某友家吃飯，寶以為食指動矣，即依時偕妻赴宴。至則主人夫婦殷勤款待，殊為客氣，深以他們突然肯賞臉一到探視為喜，而請吃飯之事絕不提及，家內亦毫無設宴形跡。寶知機，閒談了一會兒，即偕妻告辭而歸，友亦不留也。及返家檢視請帖，則時日、地點與乎主客姓名字字不錯，莫知所以然。其後夫妻仔細思索，方憶起這是上一年同月同日之請帖，不知如何留到今年，又不知如何適於是日露出也。

儒堂嘲謔

王正廷在美時，有西人自詡西洋人進膳時人各一份為合衛生，而醜詆中國人之用箸共食為汙穢者。王答：「由此可見貴國人之只知個人主義，而敝國人則尚合群也。」語固可解嘲，但捫心自撫，我們未免有愧矣。

又有美國人自稱進膳時用刀叉為文明，而詆中國人之用箸為野蠻者，解嘲者答之曰：「人類進化初用石器，繼為鐵器時代，再進則為木器、象牙時代。是貴國人仍居鐵器時代也。」相傳此亦為王正廷語。

一概不拘

吾國某青年外交官在美京華盛頓參與國際跳舞盛會。時有一美國小姐與舞，發問曰：「您喜歡中國女子還是美國女子呢？」此言頗為難答，蓋如云喜歡中國女子則有礙交際規矩，而令該美國小姐難過，尤其在外交界上，但若謂喜歡美國的則豈非有辱國體？那位青年外交官足具外交家資格，含笑答云：「一概不拘，凡喜歡我的，我都喜歡她。」美國小姐一聽傾心滿意至極，蓋其答語不特於人情禮貌上都過得去，而且含有挑逗之意。俏皮之尤！幽默之尤！

是否兩可

墨西哥國中，間有發現古物類似漢族所有者，因有墨民族源出於漢族之說發生。有墨人徑赴吾國駐墨公使館問曰：「聞說吾墨西哥民族源出於漢族，審是則吾人固華人之子孫也。此說然否？」公使莞爾而答：「在科學的立場上吾不敢說是，而在外交的立場上吾則不願說否。」（Scientifically I dare not say, Yes; but diplomatically, I don』t want to say No.）語殊得體，亦雋穎可賞！

余日章言

余日章在美時，有美人故作諧謔語問云：「中國人吃飯用兩根筷子，但飲湯時是否亦用筷子——用兩手分持兩箸，互相攪動如車輪狀，以車水入口？」余則以更詼諧語答曰：「否，否。中國的筷子是空心的，其一端有螺絲，吃湯之時則把兩端螺絲相接套上，成為長筒，伸其一端於湯碗中，含其一端於口內，於是吸湯下肚——有如貴國人之用禾杆飲涼水式也。」

又余氏為國民代表赴華盛頓會議，時中日之爭端正烈，有外人問云：「中國人果有自治能力嗎？」其意蓋懷疑中國人果有組織政府之政治獨立力量也。此語頗難置答。余氏則以相關語答之，先問云：「您讀過世界歷史嗎？」答：「讀過。」余氏再問：「在世界各國中，試問那一國有民族自治的政府——不受外族支配的——有如中國之長久歷史者？請有以語我來。」問者語塞，點頭而去。以上兩則均余君親自對我說者。

留美憶語

我在美國留學時，有數次與美國人閒話，至今憶及，猶覺開心，錄之如次。

一日，有人故難我云：「何故中國人喜歡私鬥——如各黨派之動輒開戰殺人？」我答：「真是奇事！在中國，人懷手槍者有禁，城市中絕無糾黨械鬥之事發生。獨不解中國人到貴國即有結黨互鬥殺人事，豈貴國之法律與警察制度有毛病乎？」問者語塞面赧。

美國各大城市多有華僑住區，名「唐人埠」或「唐人街」。區內多有開賭業者，店外常見有「公攤開皮」、「輪到開皮」等字條標出。某美人有一次指此為中國人黑暗腐化之表現，我則謂：「就我看來，這卻是美國城市警察黑暗腐化之表現。」美人問故，余答：「倘若警察不默許之，誰敢開賭？則苞苴賄賂之黑幕重重，亦可想見矣。」言者稱是。

同學某女生（美人）初從鄉間來，似乎從來未曾見過中國人者，初見予奇訝不勝，常就予攀談。顧其稚氣未除，癡氣尤可厭，常發蠢問，例如：「我有一姑母在中國當傳教士，您認識否？」「貴國有雞蛋否？」「貴國有這樣，有那樣否？」余氣悶之極，但又不便面斥，因即戲語云：「吾中國還有女人啊！」女生聞而驚叫：「Oh.」

有美同學嘗問余何故西洋人多鬍鬚，而中國人則少有。余答：「自然公例，凡物不多用即漸歸淘汰。吾中國人開化最早，不需用鬍鬚遮面，故漸歸淘汰。獨西洋人開化甚遲，故尚留此于思于思遺跡至今也。」某教授聞而微笑且點首曰：「頗有道理！」

又有一次，在俱樂部會見一輕薄少年。彼聞余是研究哲學者，即戲問余識一哲學家名「康德」者否；繼又問康德是那一國人，是英國人否？余轉戲之曰：「大概康德是俄羅斯人吧。」結果I outwitted him！（此句不知怎譯！）

澤公詼諧

中監委鄧澤如性最滑稽，滿肚笑話，年逾花甲，納一姬人，年前且舉一丈夫子。一日，公在家弄兒甚樂，有友見而問曰：「澤公，抱孫麼？」澤公即答：「不錯，抱吾父親之孫。」其素性倜儻風雅如此。

猶記前歲余嘗與澤公同席於廣州國民政府內（非常會議時期），席間公趣語橫生，詼諧解頤，如天花亂墜，座客盡歡，惟頗令人難堪者，則澤公尤好用戲謔之辭以「討便宜」，稍一不慎即被其「捉丁」（上當）。顧以私交言，公是余之世伯，以公誼言則又是余之上司，以故余終席飽受諧謔，便宜幾被討盡而不敢「反攻」，受窘殊甚。久之，卒思得一計以為報復，乃問同席曰：「粵人之好玩者流恒以各種魚名代表各種婦人——是一種隱語，如以鯉魚之為正室太太，以其可供祭祀祖宗用；鯿魚之為侍妾，以其立則小，臥則大；金魚之為小姐，以其可觀而不可吃；土鯪魚之為傭婦，以其價廉味美適於家常便飯；白飯魚之為尼姑，以其清潔……但不知澤魚（粵語魚、如同音）究代表何項婦人耳？」舉座聞而大笑。而澤公不假思索，即答曰：「澤魚是專吃其他一切魚的。」舉座復鼓掌稱善，其滑稽捷才，真可驚佩。若我，小巫耳。

逢八進一

昔在嶺南大學任事時有同事譚君，固老饕之流亞也。食飯時，吃菜多，扒飯少。學生中之好事者每餐潛為記錄其吃菜與扒飯之次數，經有多日，乃下統計，公布結果為「逢八進一」。此嶺南笑話中之最膾炙人口者。

才疏學廣

大概凡是廣東人沒有不聽過先施公司「大班」馬應彪之妙不可言的演說辭之大笑話。緣馬為歸國華僑，中文根柢不深，自歸國興辦實業，每好登壇演說，發表議論。有一次，他到某會演講，開旨作謙語云：「鄙人才疏學廣，猶如鶴立雞群。」

馬郭爭詭

在上海與先施公司遙遙對峙之永安公司，其「先大班」郭標之出身與程度亦同先施之馬應彪，而且演說辭笑話亦足媲美焉。某年上海廣東人所辦之郇光學校幼稚園開幕，以郭曾捐開辦費，校長乃請其演說。郭起立致詞云：「今日乃是旬光學校幼華園開幕之期……」兩公司在商場上競爭最烈，不圖兩大班之鬧笑話也要競爭！

晉將詩話

閻錫山治山西，本有模範省之稱。其部下昔有四員大將，分任四旅長，各有笑話。晉人為每一將軍做詩一句，共成七言古風一首。前年遊晉時，友人為余詳述。余思此乃詞林佳話，足垂千秋，烏可不傳？謹錄於此，並為恭注。

大將南征立功高（商將軍曾帶一旅人到湖南助戰，全部為敵繳械，只身北返），

將軍塞外把名標（張旅長帶兵赴綏遠剿匪，亦僅得片甲而回）；

旅長身長威鳳驍（孔旅長身極短矮）。

先生右掛指揮刀（趙先生以老學究出身而任旅長，固儒將也。嘗全身戎服，威風凜凜，乃誤將指揮刀捷在右邊，見者掩口）。

對牛彈琴

華僑某君，在金山某大會演說，誤用成語，竟成笑話。其言曰：「在座諸君才高學廣，小弟年輕識淺，謬然登壇演說，實不敢當，狀如對牛彈琴一樣……」

忙中有錯

舊金山大埠有一位陳牧師，當禮拜日要趕赴禮拜堂講道，急忙中開了衣箱，信手抽取手巾一條塞在衣袋中。牧師努力宣講，致汗流滿額，乃從衣袋取手巾抹焉。不意「手巾」一出現，全堂兄弟姊妹嘩然大笑。牧師偶視手所握者並非手巾，乃是其太太之長襪也。「忙中有錯，諸君見諒」——未知牧師果曾如此道歉否？

一起乾杯

有華僑某，在金山大埠某教堂領受洗禮。彼固與領事歐陽×友善者，是日乃邀請領事蒞會觀禮。牧師見領事忽爾駕臨，不勝榮幸之至，遂即請其高坐講壇上。及施聖餐時，執事等分送小杯葡萄酒及餅於教友，人各取酒、餅吞食以紀念教祖耶穌流血贖罪，此基督教之大典也。牧師以為領事亦是教徒，並予酒、餅。但領事實未入教，也不知其如何作用，持杯在手不知怎樣好，卒之站起來在壇前舉杯向座眾高聲呼曰：「來，大家一齊乾杯！」

外交勝利

前外交部長羅文榦曩服官北京多年，與意國公使館參贊極友好，私人酬酢往還，親昵之極，幾成忘形交。近年該參贊榮升意國駐華公使，到南京遞國書時，在隆重的儀節和嚴肅的空氣中，步入國民政府朝見林主席。是時，忽見其老友羅文榦站在左班（國府行禮時，左文右武分列兩班），公使憶起舊情，頓忘儀注，即向羅點頭微笑，並伸舌頭作鬼臉以取笑。羅在班中欲笑不能，強忍甚苦，即思得報復之計。俟林主席南面而立，公使北面而朝，行其三鞠躬大禮之際，每次鞠躬羅即照樣向其伸舌頭作鬼臉，一共三次。斯時公使忍笑之苦尤甚於羅。事後，羅以外交勝利自鳴，得意之極。

布滿衰氣

憶童時，在外國人所立學校讀書，有外國教員馮××頗諳華語，但發言仍不大正。有一天，馮上課，以華語教天文學云：「我的頭頂上布滿衰氣。」其意蓋云「水氣」也。

風水火水

美國牧師富利敦，在廣州傳道多年。一日講道云：「有人問我『你們美國人信不信風水』？我說，我們不信風水，所以有『火水』。」粵人呼煤油為「火水」，牧師意謂因不信風水，隨地開掘煤油井故多產火水也。語含深意，尤其幽默，故錄之。

無微不至

距今二十五年前，廣州東堤有一東園，園主由南京博覽會購得東三省所產之獅子一對回粵，陳列園中，售券任人參觀。一日，有少年男女二人把臂遊園，參觀獅子時，男詳為女解釋云：「雄獅愛護雌獅，無微不至，每有肉食必先讓雌者飽食，然後自食，夜間則復抱雌者而眠以防衛之，不圖猛獸亦有如此恩愛者。」女輕輕答云（粵語）：「你估唔係嗎！」此語神妙，含蓄甚深，非粵人不懂，譯為國語或英語，均無可能也。

自謙之辭

美國新聞學大家威廉氏，為密蘇里大學新聞學院院長，嘗來華演講。有一次開講時，威廉氏先敘故事云：「上次余在某處講演，為便利聽者起見，講時，有一人從旁以粉筆譯述余之講詞大綱於黑板上。有一次，講未及半，譯者愈寫愈少，卒至擱筆不寫。余當堂質問其何故不寫，則答謂彼所記者非我之說話，而卻是我之意義也。」寫少則意義少，不寫則毫無意義也矣，此固威氏自謙之辭，亦可見其人富有幽默感。

青蟹別解

某年秋間，余與燕大劉廷芳、趙紫為兩教授共遊杭州，投宿於西子湖畔某旅館。三人捉膝談道論文，中夜未歇，亟思「宵夜」小飲，以慶良宵，雅事也。乃召侍役來問取「青蟹」。侍者朗聲答應，微笑言曰：「此地青蟹真是漂亮得很。一個人要一個嗎？」我們說：「不錯，快來！」侍者回頭便走。究竟我是老於世務一點，再問一句：「要多少錢一只？」他再回頭說：「十塊洋鈿一宵，便宜得很啊！」我說：「豈有此理！頂多一角錢一隻。」侍者乃恍然大悟，忙說：「哦！您們要的是吃的青蟹，不是玩的。」他笑著出門，我們更捧腹大笑。原來那裡土話叫暗娼作「青蟹」，那時若非老於世務的我多問一言，笑話豈非更大？

軍人直言

英國大將凱陳納（Kitchener）於歐戰時乘軍艦在大西洋被德國潛艇轟炸沉沒，大將以身殉焉。在遇難之前，英首相萊・佐治（Lloya George）問其對於戰事有何意見，請直陳毋諱。凱大將爽爽直直地答：「我向來不指陳意見的，只是發能號令而已。」（I give no advice, but orders.）因有「全身都是軍人」之稱。

君子在此

美國前總統格蘭（Grant）軍人出身，即南北內戰時統卒北軍戰勝南方之英雄也。為人嚴肅，守正不阿。方其統軍時，一日與袍澤們閒談於營內，有一軍官欲講一淫褻故事，以取悅同人，即謂：「我有一很趣致的故事，對諸君說說，幸而沒有女子（ladies）在座……」格蘭將軍即以嚴詞斷其話頭：「但有君子（Gentlemen）在此。」軍官即改容道歉，趣致的故事竟說不出了。

粵伶急智

粵伶薛覺先為英文學生出身，頗聰慧，做工、唱工俱臻上乘。去年在滬與其妻唐雪卿拍演《白金龍》名劇於廣東跳舞院。演至劇中女郎（唐飾）不堪少年（薛飾）追逐，致由跳舞場走避於花園之際，戲場電燈總機忽壞了，全場電燈熄滅，座客在黑暗世界中者十五分鐘。一時，鑼鼓都停，唱做亦歇，觀眾大不高興。燈復明後，薛即出場追該女郎，道白雲：「跳舞場上忽然不見了美人形影，我一時性起，把電燈都滅了，追她出來……」全座乃喝彩，一場黑暗竟輕輕地被其一言掃去。時，余亦為座中顧曲周郎之一，喜其聰敏有急智，不惜為之鼓掌。

前事書畢，又憶起吾粵昔有老伶工鄺新華者，為武生（鬚生）之巨擘，善演《蘇武牧羊》一劇。顧鄺年逾七十，兩目昏花，而迫於生計，猶自登臺演劇。一日，在場上飾一將軍，在兩軍交戰中提槍殺敵。不料一時眼看不清，誤向鑼鼓手那邊殺將去，全場嘩然失笑，喝其倒彩。新華知錯，即按槍疾聲道白：「不好了！沙塵滾滾，殺錯良民，如何是好？」一時彩聲四起，「老官」的面子竟得挽回。

己名入聯

現任立法院編譯處長謝保樵，原名寶潮，博學多才，而極滑稽，嘗以己名做一妙聯云：

年年失寶；
月月來潮。

人名妙對

革命巨子陳群，字人鶴，亦多才多藝，尤擅詼諧之作。有一次在席間，梁寒操發言，謂「簡又文」可對「燭之武」，陳自謂「陳人鶴」可對「老狗熊」。可稱雙絕。

尊庚早死

憶昔在校時，有黃姓小學生，年方十三四，適於星期日當值日生，身穿制服，肩掛紅帶，任招待來賓之役。有客見其少小聰明，言談間偶問：「尊庚啊？」黃答：「早死了！」蓋誤以為問其「尊翁」也，「應對」之教育缺矣！

懸賞譯文

有某教授——在外國——在物理學教室考問一學生曰："What is Matter?" 學生答："Never mind!"

教授又問："Then what is Mind?" 又答："It doesn't matter."

著者懸賞：如有人能將此有趣的問答譯成中文而不失其原意者，鄙人願將本期稿費報效，購贈正式廣東香山鹹蝦、澧白鹹魚及東莞臘腸各一斤——足十六兩秤的——為壽，貯款以待，絕不食言。

長生祕訣

美國有年逾古稀之壽翁，精神矍鑠，言笑嬉戲、飲食行動尚如壯年。人有問以長生祕訣若，則笑答：「吾有長生不死之祕訣二。」問者側耳恭聽，壽翁續言：「祕訣一，需多多呼吸空氣；祕訣二，需永遠不斷的呼吸。」

演說原則

美國某大學有演說學教授在開學上課時，作第一次講演云：「演說學至大至要之原則有二。」學生等均持筆靜聽，記錄其辭。教授續言：「原則一，必要有東西可說。原則二，就說出來。」學生均大笑不已。余謂此固是正理，但須添原則三：要說得好。

同窗聯話

老同學招觀海、高冠天（原名灌田）二人皆粵中知名之士。招自幼眇一目，而高則軀幹甚矮，在校時，同學做一聯嘲之，聯云：

獨目焉能觀大海；
矮軀還要灌高田。

有一次，余回粵邀請舊雨數人共食於館子。席間有友突向余道賀得一妙聯，同席者並余初莫知其故，殆一視左右，則招方坐余之左位，高則坐吾之右也，舉座幾至噴飯。

輓中山聯

中山先生死後，有送輓聯云：

功同盛頓；
志比破侖。

雙料笨□

友人麥仲衡（名朝樞），風流倜儻，文學甚優，奔走革命多年，勞苦功高，洵忠實同志也。惟官運欠通，沉浮者屢。自辭去上海市社會局長，即脫離宦海，回粵任教授職，埋頭著述。無聊時，曾撰一諧聯云：

一等良民；
雙料笨□。

亦可見其牢騷之滿腹矣。

孫科尊容

余嘗製諧詩一首描寫立法院長孫哲生之尊容，頗為儕輩所賞；詩云：

我們院長C・S孫（C・S為哲生英文字縮寫），
面孔卜卜月樣圓（孫之僚屬稱其綽號曰阿卜。卜卜亦粵俗話，狀其圓也）；
近視之人看不出，
連同眼鏡三個圈。

壽材賀年

古應芬在粵時，有四川師長某寄贈上好土產壽材一副，適於新年之日運到。人以為不祥，其家人亦只可一笑置之。會胡漢民夫人到古宅賀年，古夫人笑問：「今日剛有人從遠方寄贈古先生一件很奇怪的東西，請您猜猜是甚麼？」胡太太順口答云：「大概是古先生合用的東西吧！」古太太聞而色變。是年夏，勷翁果作古矣。

梁簡相嘲

梁寒操與簡又文二人為莫逆交，而又最喜相謔。前年，古勷翁（應芬）名歸道山，簡以其姓名作一聯，請梁屬對，聯云：

古道照人，應有芬芳留後世

梁對云：

簡子不肖，又將文字禍群倫

簡不肯示弱，時梁方舉一丈夫子，命名克寧，即報之以下聯：

梁家生子，克稱寧馨蓋前愆

梁、簡相謔之趣事甚多，姑再錄一端。有一天，梁、簡與儕輩共食於南京某館。席間眾推簡說笑話，簡謙辭，謂必請梁先說。梁答先說未嘗不可，但請簡君不要見怪。簡謂高朋滿座在此歡宴，開心為上，有何可怪？梁乃說出下段故事：

有一人生有怪癖——即好嗅聞人腋下之臭氣味（狐臭），因娶腋下氣味奇臭之婦為妻，閨中日夕嗅聞，樂乃無極，真等於「嗜痂之癖」也。一夕，其人自外歸家，妻開門迎入。其人誤觸門限，直撲妻身。妻誤以為「急色兒」又來嗅聞其奇香也，伸掌摑之，且摑且罵曰：「死仔，又聞（文）？死仔，又聞？」

舉座大笑，簡受窘，倉猝間無以為報。良久良久，始思得一故事，復對座上客言：

昔有一書生，娶婦甚美，日夕眷戀於室中以度溫柔鄉滋味，身體大為虛耗。一日，有事外出，適過大雨淋漓，固得感冒重症，其妻請醫生回家診視。醫生把脈看症之後，搖首云：「此人內受色傷，外受感冒，涼、寒、燥、濕（梁綽號曰阿濕），四者夾攻，無望了。

座客亦大笑，然簡終以自製之故事不及梁前所說之趣妙入神而引為一生大憾事云。文人好相謔，自古已然，道學先生們輒詈之曰「輕薄無行」，而摩登人士則許云「幽默可賞」。輕重厚薄姑置勿論，如此好資料豈可輕易放過？因錄之於我的《東南風》。

馮謝互謔

國民黨耆宿馮自由、謝心准二人亦好相謔。馮曾贈謝一聯云：

別有心事；

毫無準繩。

謝即報之以集句的八股一段云：

我自經於講讀，由也不得其死焉。夫由可以不死而竟死焉，豈非自作孽哉！

愛伍及犬

伍廷芳使美時，有某貴婦聆其滑稽妙論，不禁心花怒放；喜氣盈面，即趨與握手云：「我真佩服萬分，擬將所畜之愛犬改名為伍廷芳以志紀念。」伍答：「很好，很好。那麼，您天天可以抱著伍廷芳接吻了。」婦聞，益笑不可仰。

長名會社

全國機關會社名稱之最長者，當推這一個——中華民國基督徒向孫中山先生遺像行三鞠躬禮認為不合同盟會，會名共二十七字，會設福建廈門之鼓浪嶼，為該地基督教徒所組織。聞於各地設分會，若連「某地分會」之字數算上，則會名更在三十字以上了。

風流誓言

實業部長陳公博，革命健將也，風流倜儻，丰姿翩翩，艷跡遍傳南北。陳夫人閱報載其風流韻事，嘗提出質問，陳即極力申辯，並賭毒咒云：「如有外遇，當不得善終。」夫人之疑始釋，而陳之自由亦始得恢復。後，友人問陳何以笨至如是，賭此毒咒以束縛自身乎？陳笑言：「報上所載是否屬實，姑置勿論，縱有其事，亦無關係，蓋我們革命黨人隨時準備犧牲，當然是不得善終的。賭咒不賭咒又有何分別？」滑稽哉陳子！可以言夫子之道矣！

胡適可兒

胡適之留學美國康乃爾大學時，萬國學生會嘗請其演講中國婚姻制度，關於盲婚一點頗難措辭，遂發妙論云：「貴國人結婚，男女先事戀爰，戀愛熱度達至極點乃共締姻緣。敝國人結婚，從前多由父母之命媒妁之言，男女素未謀面，迨結為夫妻後，始行戀愛，熱度逐漸增加。是故貴國人之婚姻是愛情之終也，敝國人之婚姻則愛情之始也。」語意雋永，尤能顧全民族體面不少，適之可兒！

全兄演說

友人全始文留美時，對美人演說，嘗為中國解嘲云：「美國之最好的東西好於中國之最好的，美國之最壞的卻壞於中國之最壞的。」語甚得體，亦殊確實。

雅辭誤會

葉××留美時娶一華僑土生女為妻，學成挈之回粵。女生長外邦，華語多所未諳——尤其是文雅之辭，故輒呼其夫曰：「老公（此粵俗話稱丈夫之辭）。」後有友告以此名辭甚為不雅，貽笑於人，當呼「丈夫」為佳，女從焉。一日，其夫方乘汽車飛駛於長堤馬路上，女見而揚手大聲疾呼：「丈夫啊！丈夫啊！」不料是時粵中軍人強橫暴恣，時有四出拉夫之舉，路人乍聽其呼聲，誤以為軍人又來拉夫也，恐慌頓起，群相驚駭，走避於途，萬人狂奔，一時秩序大亂，葉夫婦亦亟走避。事後研究，來源乃悉。儕輩中又增一笑柄矣。

訛譯誤讀

黨國聞人蔡××曾在美研究政治經濟之學，成為理財專家，歸國後初任××市財政局長職。此公生長異邦，漢學不深，嘗譯「經濟學」為「慳儉學」，蓋以「economicol」一字亦即「慳儉」之義，其事已騰笑於人口。當其閱公事時，又誤讀「照准」二字為「照淮」，成為笑柄。前《論語》載某市長索取「唐人信封」，想即同一人也。

賽馬問乩

曩遊天津時，友人輩共作扶乩之戲，果請得一仙翁降臨。人有所問，乩筆疾節答覆。同學馬××因問：「明日賽馬，欲蒞場買一馬票，可得利否？」乩盆，得答語云：「殊屬荒唐！」馬閱畢面如土色。

簡雍遺風

簡又文素性詼諧——大有其先祖簡雍之遺風。去年孫哲生由滬乘車赴南京就任行政院長，簡隨焉。車上新聞記者多人環問簡，將來之外交部長是誰？簡答不知。記者聒聒堅問不已，簡即答：「既承諸君屢次誠懇叩問，只得將最祕密而最確實的消息相告：將來的外交部長，內定了——絕不是我。」眾哈哈大笑而去，其圍遂解。

三折其肱

《夏娃的蘋果》著者工爻子，家運不齊，變故迭生，真傷心人也。近又以再次離婚聞。梁寒操見而諷之曰：「聞君又有第三次組織家庭之野心，然乎？真可謂『一鼓作氣』，……」並即要其以「一鼓作氣」四字為對。工爻子不皺眉頭，不假思索，隨口應云：「『三折其肱』，如何？」梁連聲稱妙，然其叵測的野心，不啻證實矣。

馬革裹屍

有不大懂漢文之德國留學生某，回國後，有一次在南京勵志社演說勉勵軍人云：「我們應當犧牲為國，實行『馬革裹屍主義』。聽者莫明其意義，以為又是外國一種新的主義，如馬克思主義之類也。

日警驗照

余由美回國時，船經日本橫濱停泊一日，日本警察官及醫生均到船檢驗。凡外國人欲上岸遊歷著，例須持護照交與警官「驗明正身」方准上船。有美國輕佻少年在距離警官桌子數尺即以護照飛擲桌上，護照在頂滑的桌面上旋轉如風車，直轉至警官之前。日警官大為不悅，舉頭斜視其人，但仍不動聲色，照常執護展視。閱畢，不慌不忙，舉手把護照飛擲於地上遠至丈餘。畢，仍神色自若，又驗他照。美青年面紅耳熱，但莫奈其何，只得忍氣垂首拾照逸去。一時觀者甚眾，皆竊笑焉。余目睛其事，暗自說一句：「好厲害的日本×！」

學通聾啞

年前，孫哲生回粵返其原籍中山縣翠亨鄉，省政府委員李祿超從焉。鄉有一聾而啞者，為孫之族人。李欲告之以孫回鄉之事，乃用手作勢，先以手指孫總理遺像，繼以兩手作抱嬰兒狀，再則伸一手而顫動其掌，如船行狀，同時以口吹氣作風吹船行狀，終則以手下指作到本地狀。啞巴點頭微笑，完全明瞭其意義。余意孫當書一扁額贈李云：「學通聾啞。」

林肯善謔

美前總統林肯性最詼諧，講笑話是其最大嗜好之一，而且是其特長（與孩子嬉戲是其別一嗜好）。彼身高腿長，有人故調侃之云：「總統先生，一個人的腿應該有幾長？」林肯不慌不忙答道：「其長應該到地。」

林肯之妻奇悍，河東獅吼，雖以總統之尊榮亦為之懾服。南北戰事正烈時，林肯與軍官數輩會議於家內。軍官有吸雪茄菸者，濃煙籠罩全室。林肯夫人偶入室，覺其味真難堪，幾至作嘔，即嗔云：「啊唷！這臭味真難聞，我不能再留室內一分鐘。」即奪門而出。軍官失色，幾要向總統道歉。林肯捻其長鬍，微笑說：「我很願我也會吸雪茄菸。」乃相與大笑，而總統之牢騷可想而知矣。

乘順水轎

人人大約都乘過順水船，但有誰乘過「順水轎」的？有之，自我始。緣余家居粵垣西關，地勢卑下，每當淫雨下時，西江潦水突漲，西關必被水浸。有時水深數尺，有一年竟高至丈餘，居民甚以為苦。每日潮水起落，潮落時街水方退。有一次，余由外乘轎回家，適遇水浸，水高逾膝及於轎底，余坐轎內亦須高撐雙足以免受濕。余對轎夫發同情之語曰：「涉水抬轎，真難行啊！」一轎夫答云：「先生此時乘『順水轎』比較尚易行，我等抬空轎回去時抬『逆水轎』更難走啊！」煞是奇聞，烏可不為之記？

外國月圓

留學生某，固徹底洋化之「土洋人」也。舉凡衣、食、住、行，一切生活之道以至一切之一切東西，經其批評者，無不說：「中國的不好，外國的好。」家人飫聞其論均以其討厭，亦可笑，但每一斥駁即遭反唇相譏：「你們呆子，未出國門一步，怎知世界之大？余留學外國多年，一一研究有素，乃敢下此公平的論斷。」家人莫奈其何。當八月十五中秋之夜，團圓明月高掛斗牛間，眾人賞月，樂正陶陶。此公又來掃興，歎息一聲說：「唉，連中國的月亮也不及外國的好。」其父即振振有辭，痛斥之曰：「真是胡說八道，豈有此理！從前你說一切東西都是中國的不好，外國的好，因為我們沒有到過外國去，可以任你欺負。但是世界萬國普天之下覽同賞此一個月亮，何有中外好與不好之分？分明混帳！」土洋人正襟危坐，掉其三寸未爛之舌申辯：「我說究竟是真的，因為單純客觀的美不能無條件地具有具體的、實際的存在，必也襯以種種優美的背景為條件。月雖同是此月，但中國社會不良，地方不潔，國家不靖，人心不安，百業不興，建築不佳，國民智識不探，審美程度尤不高，故中國人在中國看月亮確不如在外國看之之為更較美也。」老頭兒聽了這番滔滔宏論，氣憤愈甚而又不知如何駁復，馴至怒火燔燔，不可遏抑，由頭頂下降而至足部，於是突然飛起一腳，向此洋化逆兒踢去。唏！土洋人，涵養功夫真是到了爐火純青的境地，不慌不忙地說：「還是中國的火腿不好吃，外國的火腿好得多。」（大約是洋人比中國人氣力大些吧！）

這是由友人處聽來的故事，是否屬實，不敢保險，姑錄於此以博一笑。

棋王參謀

友人邱金言，「智多星」之流亞也，性詼諧而善於辭令，為南國知名之士。嘗說一幽默絕倫的故事，儕輩均激賞不已。轉述於後，以光吾篇。

昔有人與人下象棋而屢敗者，已棄甲曳兵不敢再臨場矣。會有「棋王」聳恿其再往應戰，並許從旁參贊戎機。其人以例不許旁人相助力卻焉，棋王復謂固不必講話或用手明助，而可用符號暗助。其人雄心復起，即偕棋王再往挑戰。走了無多，局又垂敗，其人乃以眼色求援於棋王。棋王在旁，若熟視無睹，只屢發聲云：「千，千，千。」其人莫名其妙，局又輸了。歸而大怨棋王之袖手旁觀失信不救，棋王反謂屢發暗號，何云不救？及質問暗號為何，則答：「君不聞吾屢言『千，千，千』乎？」再問「千，千，千」何解？棋王則曰（以下應作一口氣讀）：「千云者，千，淺，踐，竊，——竊比於我老彭，——彭祖壽高八百歲，——歲者年也，——年少登科第，三元及第回，禹門三級浪，平地一聲雷，——雷聲普化天尊，——尊同樽，——樽，准，雋，卒——我教您上卒啊，不明白嗎？」其人頓覺頭痛，失聲喊云：「天啊！我寧願輸了。」

合食新說

燕大教授洪煨蓮，英文特優，辯才無礙，嘗遍歷美國十餘省，為祖國作宣傳工作，到處演講，均大受歡迎。其演辭最喜加插笑話故事以引人入勝；故聽眾咸覺津津有味，歷一二時而不厭倦。猶記其最愛講的一段故事如下。

有留學生某，機警多智，尤善「吹牛」，到處實行其大吹特吹主義，一有機緣即無所不用其吹。有美國人與談話，偶問其中國人用筷子吃飯如何者？則答謂筷子是兩根小棍，長約八吋或十吋，製以竹，或木，或銀，或象牙，或牛骨，以手指施用技術持之以取菜扒飯。美人又問：「貴國人吃飯時，並非人各一份而共下箸於一盆者，如何其可？」唏！吹的機會來了！他說：「這因敝國人素有合群性，固結團體，從不分化，以故每食必共下箸於一盆，不像您們西洋人之各管各的個人主義也。」美人復問：「若人少圍桌而食，如此辦法尚屬可行，但人太多則如何？」則順口大吹云：「這很容易辦到，食容增多則食桌加大，仍是共吃，團結，永不分化。」美人再問：「譬如有一二百人共食又如何？」答：「這又有何難哉？當用更大的桌子，有時桌徑寬至數十尺以至一二百尺，隨便可團坐二三百客。」美人搔首疑問：「君先不云乎，筷子長僅八吋或十吋？如此大桌，何能伸到菜盆？」乃斥之曰：「您真沒腦筋！桌子加大，則筷子自當循正比例一體加長，有時長至數十尺以至百尺過外。」美人愈懷疑：「筷子如此之長，則取菜子一端又何能送進口裡？」此公則又莊正色斥責之曰：「究竟您是一個個人主義者——只顧著自吃，我們是合群互助，社交性充分發達的。長筷子取菜非為自私自利只圖自已果腹，乃所以送給同席對面的朋友們口裡受用的。」美人沒法再事駁詰，只得掛白旗說一句：「You win！（您贏了）。」

洪君用此故事以申明欲謀中西民族間的友誼和平之發展，最好是藉賴中西文化之溝通以為媒介，文化蓋「長筷子」也。

伍君辯才

粵人伍磐照在美金山大埠主辦《中西日報》多年，英語流利，辯才亦佳，每年均應美人團體之聘到各處演講，其講辭亦詼諧有趣博得歡迎。猶記其有一次講演，強辭為中國解嘲云：「中國人之好吸鴉片等於美國人之好飲酒。不過兩者有一小異之處，即是美國人飲醉酒回家輒打老婆，而中國吸飽菸回家則捱老婆打。」舉座哄堂大笑。

又記其於袁世凱既死、洪憲帝制取消後，伍之演辭有云：「袁世凱生平只做了一件事是大利大益於中國的，即是他——死了，絕對的死了，很合時的死了，很合式的死了。」聞者粲然。

罪言

敝人一向鰥居無聊，乃率爾操觚，藉資消遣，計共寫《西北風》六十九則，續成《東南風》九十則。資料本來仍未斷絕，乃近來一個不小心，忽被紅絲繫手，執筆為難，情網困身，告假不易。東南西北風仍舊亂刮，誠恐非攪出「山西風」來不可（注：山西紅醋遠近馳名，風味甚佳）。在這不自由條件之下和極有聊的環境當中，敝人只有捉筆興嘆而已（注：歎字用廣東話解更妙）。現在呢，一切風潮不能不暫告停息，俟將來一有機緣，當再將未完的資料，源源書出，編為續集，以酬愛閱諸君惠然光顧之雅意。臨穎神馳，謹此告罪。

東南風拾遺

余既將《東南風》初、續集都二百餘則，連同《西北風》全稿統交由良友圖書公司印行單行本，本擬擱筆不再寫的了（近編《東南風》三集係各方幽默同志投稿，在《人間世》發表，當是例外）。可是朋友們仍然不斷地把好材料供給我，而我腦子裡不時也想起很多遺漏的趣事。有空的時間，獨坐斗室，手指又作癢了，因復執筆隨意續撰此稿，材料乾了則停，材料再得又復續寫，並無一定條件，也不限於幾十幾百則。如是既得自由，又有興趣，更可以盡其一得以報知音，豈不佳哉？豈不妙哉？曰：並皆佳妙，於是乎書。

胡漢民聯

余於數月前謁胡漢民先生於香港。先生與余大談「幽默」，謂余曰：「有人問我何不幽默一下？我答，若連我也幽默起來，天下事更不得了矣。」事後，余對此言發生兩個感想：其一，天下事弄到如此不得了，太概因為好些人——如胡先生者——不肯幽默一下之故——太執拗，太認真了，未悉胡先生以為然否。其二，胡先生之言固自負亦太自謙矣。其實，胡先生何嘗不幽默？最近聽得先生當立法院長之時，有不少幽默佳作，例如……（以下才是正文）

當立法院討論新《民法》某某數條時，某日在開會前，委員宋美齡女士由滬發電至民法委員長傅秉常，略謂即乘專車趕至赴會討論，懇請稍候，蓋以其關心於男女平等原則，必欲親自赴會力爭也。此是一事。又有一次討論海關新稅則一案，委員羅鼎堅決反對，經濟委員長鄧召蔭則極力解釋駁覆。顧羅為湘人，鄧則粵人，而且「京腔」不正，各帶鄉音，兩人說話彼此不懂，一問一答皆不到題，全場空氣又煩悶又好笑，而兩不相下頓成僵局。幸而當場救星出現——傅秉常忍不住即揮其三寸舌代兩人翻譯、解釋、疏通，兩人意見乃得接近而融洽，議案卒得通過。此又一事也。胡院長從政餘暇根據上兩項事實，做一聯云：

民法必公平，莫道生男勝生女；
稅則須通過，難得師傅幫師部。

（按：鄧綽號曰師部，師傅即指傅秉常也。）

韶老壽聯

本年一月十二日為新任立法委員鄭洪年氏（號韶覺）六旬壽慶之期。是日，其子寶照君等為老父盛設壽筵於上海新亞酒店，筵席數十桌，賓客數百人，甚是熱鬧。四壁高懸壽聯壽帳，真個「交關」輝煌而好看。其中有一副賀聯係遜清宗室溥侗（紅豆館主）自書者，聯語云：

能受天磨真大器；
不遭人忌是庸才。

注意點一，鄭韶老未受天磨；注意點二，鄭韶老豈是庸才？注意點三，鄭韶老與該館主並無過不去的仇恨。有此三注意點，何以溥侗偏以此聯為壽？豈其有意向老友開玩笑歟？大華烈士撫筆短歎曰：「嗚呼，此其所以為幽默也！」事後余嘗以此戲問韶老，據韶老鄭重答云：「此等賀聯古人有之。余生也晚，亦太摩登矣夫！」

擬華氏言

有盧氏（Ludwig）為前美總統威爾遜氏作傳，書至威氏親自出席歐戰和平會議失意回國時，有至趣至妙之一段，略記如後：威氏在船上瞥見華盛頓油畫像，亟趨前語云：「我此次與內人赴歐解決世界和平問題，復創立國際聯盟，得內人助力不少。想公當年率軍革命抗英而創立美利堅共和國，也得夫人之助力不少吧？」華盛頓即啟口答言：「不，不，不。我革命時，統兵在外與英軍打仗，數過家門而不入，幾年不見內人一面哩。」細味其言，挖苦甚矣。

蘑菇變傘

同鄉××初遊日本，到其「料理館」吃日本菜。他心想吃蘑菇，而嘴裡卻說不出，乃生急計，以鉛筆繪一蘑菇像於紙上。日侍者點頭會意，徑入內室，少頃則捧傘一把以進。

蔭昌軼事

清季滿人蔭昌（午樓）留學德國，與德廢皇威廉極友善，常與長談。一日有大宴會，威廉竟置諸貴賓於腦後而獨造一室，扃門與蔭暢談不倦。其所以然者，聞係因蔭極善操德國之市井穢語，威廉亦好作此等語，但格於地位之尊嚴，不能自由與臣下交談，因而與蔭成莫逆交云。所聞如是，姑志之。

星島「中文」

友人從星嘉坡寄來該處電力局通知單一紙，內載英、印、中三種文字。慚愧得很，鄙人才疏學淺，看其中文竟不大懂得，照排於右，以質高明。

用電力者注意
大凡用電的人似不知欲換新電線或原有的電燈太少要添加電燈須通知電火局以資檢查及允納
凡欲懲求以上的事須向一個可信任的電器師彼則有懲求之字否則亦可向電火局懲求
凡要置設電火及按新線者若無向電火局報告而火頭亦難，免被電火局割死至火頭若被其割死者以後若欲重行開火務須向電火局懲求允許才能開放

小開跨灶

煤油大王一日到理髮鋪理髮，既畢，除付例價外，破囊賞理髮匠銀一角正。理髮匠嫌其

太少，笑對云：「令郎對此理髮每次賞銀一元啊！」大王駁復云：「他有一個大富的父親，而我卻沒有呀！」大王言之有理！

半價理由

立法委員得鐵道部優待，凡乘國營火車只納半價，但限以頭等，凡欲乘二等者則須書明理由簽名蓋章方可。有委員×來往京滬輒乘二等，其半價單上大書理由云：「國難期間，實行節儉。」通過！

廣東官話

鐵道部公務員粵人關均笙，老名士也（寫得一手大篆和吟得幾首律詩）。曩在北京從政時，嘗到郊外遊覽，忽見道旁看一古碑矗立，乃駐足探視。顧以碑上滿塗泥土，字跡難辨，旋見附近有一村婦，關即趨前道來意云：「我要瞧瞧那個碑，但是太髒。謂你拿點水來刷乾淨，讓我瞧瞧。」村婦聞言，面紅耳熱，破唇大罵非禮，驚動路人，廉得其情，咸為婦抱不平，亦交口責罵老關不要臉，無道德，白日調戲良家婦女，幾飽以老拳。老先生無辜碰了一鼻子灰，抱頭鼠竄而回家，思索多日，始悟北京話口音不正，對婦人言辭間說錯了兩個「性命交關」的字眼，故惹起誤會，幾闖出大禍也。「天不怕，地不怕，最怕廣東佬講官話！」其然豈其然乎？若關老夫子之厄運，真「要命」耳！

離合紀錄

執有全世界結婚離婚新紀錄的人，算是美國西部阿利根省缽侖市華僑×君。他夫婦二人脾氣均不大和順，勃谿常生。夫妻每吵嘴，即便實行離婚，但不移時景過情遷，兩又拍合，重溫舊好，再行結婚了。統計彼夫婦二人一共離婚二十六次，結婚二十七次。其第二十七次之結婚禮，係於五年前吾友譚沃心牧師重遊美洲時為之證婚者。惜乎近五年來再有沒有「打破自己的紀錄」，則未得而知耳，有知此事者盍函告我。

新《三字經》

當孫哲生氏任廣州市長時代，財政局局長×氏曾飭屬員往查市內某地段是民產抑官產。屬員查畢，以《三字經》式的公文呈報，洵別開生面，足以傳世，文曰：

奉令後，日已晚。翌早起，即往查。見婦人，據說稱：是民業，非官產。

郭堅電文

前陝西督軍陳樹藩舉兵攻郭堅。郭去電河南某督求救云：「陳賊打我，你賊不管。我賊完了，你賊不遠。」事雖舊聞，及今想起，卻興新感。所感者何，昔日軍閥之作內戰者——所謂「秋操」，你我他一般皆「賊」也。作如是觀，此電可傳矣。

美女選婿

有一美女乘船，有男子五人向她求婚。人皆有可取之處，美女無所適從，乃宣言云：「凡愛我至肯為我死者我將嫁他。誰肯為我而跳入大洋中的？」結果，男子四人皆一躍入水，獨一人留後。船主立放舢板救回。女子仍不能抉擇，乃求教於船主。船主答云：「當嫁彼留後的一個。鄙見此人常識足，志力強，尤能以理性制止感情，洵是好丈夫也。若我是女兒，我也嫁他！」

詩人打工

最近發現故詩人徐志摩曾在某時期有一個外國名字，緣志摩在外國讀書時，已經濟不裕，迫而作工讀生，藉工資以維持生活，乃到一餐館當侍役（此為留學生常有之事，不足為奇怪，尤不足為恥辱）。餐館中人輒以此西名呼之，取其便利也。西名維何？曰「亨密爾敦」（Hamiltou）。若將詩人中西合璧的姓名聯起來叫一聲「亨密爾敦，志摩，徐……」，全體神經係便覺有些顫動了。又聞志摩在餐館充侍役時，常失手將盤碗打碎，主人不悅，故其工不永云。詩人豈配做此粗工？難怪！難怪！

語堂西名

同時，又發現最反對洋化之林語堂氏在其年幼時，亦曾有一個西人名字。那時林家兄弟三人均在漳州一教會學校念書，三人共議各取一個英文名字，以趁時髦。他們原名都有一個「和」字的，於是打開Webster字典翻檢「H」部的名字，結果他的哥哥便取上Hosea；而語堂因原名「和樂」，也取了Horace的名；他弟弟的未詳。這名辭多麼好聽啊——Dr.Horace

Yutang Ling?

牧師講辭

曾在紐約華人方面傳教五十年的牧師H・K氏自幼赴美，漢文程度欠深。當其祈禱時，稱呼上帝之言，每云：「無所不知，無所不在，無所不為的上帝……」及至禱辭末了為說教人祈禱之時則曰：「求上帝祝福講者，俾渠侃侃而言，聽者記在心中，擇其善者而從，其不善者而改……」五十年來，千篇一律，上帝與講者，每次聽了想必為之面紅耳熱也。

「大吉利是」

前嶺南大學漢文教授陳德芸氏——即《德芸字典》著者，一日在廣州長堤走路已倦，欲乘公共汽車代步。遙見有一輛白色大汽車如飛駛近，即踏步出馬路當中，迎頭揮手令其停止。開車人不知何事，即停車問故。陳教授抬頭一看，始知此不是公共汽車，而實是粵光殯儀公司之載運棺木之汽車也。陳復揮手使去，口呼「大吉利是」不已。自是儕輩又多一茶餘飯後之笑談矣。

亞心波女

同學P君娶同學L女士為妻後，即被儕輩賜呼「摩登季常」。他倆租屋子香港跑馬地之三層樓為安樂窩，其二層樓則為日本僑民居之。日人前門貼一有四個字的名片，P君不甘示弱，在三層樓自己門上也貼一張四個字的名片以示抵抗，名曰「亞心波女」。粗心大意的人們驟然看了自然莫名其妙，若細心小意而有幽默感者看來，這明明是「惡婆」兩字也。所仍未明者，未知此「抵抗」是對外抑是對內耳，或內外夾攻耳。

忍氣吞聲

香港名醫吳天保醫生夫婦伉儷甚篤。一日，吳醫生偶染微恙，吳夫人語人云：「吳醫生該死！自結婚後，我便受他的氣，半輩子工夫了。」聞者始則驚訝，但深識其夫婦者，即知吳醫生每睡時，鼾聲大作，氣息如雷，乃能味其言之幽默也。夫婦之間，和為貴，忍氣吞聲之德尚矣！

外賓行乞

醫學博士胡宣明（現任立法委員）卜居於上海市西之真茹鎮。一日，有外國人叩門求見，僕人見有外賓，特別恭敬，肅入客廳，奉以茶菸。胡博士出視之，問其來意，乃始知其是一個到宅乞錢之白俄人也。

顧維鈞言

余去年復有南洋之遊，歸時與顧惠靈頓博士同舟。船到香港之前一夕，船長照例舉行宴會，特請顧博士演說。彼固以英語擅長者，即席起立發言，深得全座贊善。

余猶記其開首時先述一笑話云：曩留美時，有一次乘火車，在車上過一夜。按著國人乘車過夜者，臨睡時先將鞋子放在包房門外，侍役（凡盡為黑人）中夜刷鞋，翌晨放回原處。次日，顧起床取鞋，視之則兩鞋皆左足者，乃召黑人侍役問焉。黑人搖其黑頭答曰：「真古怪！那邊包房客人的鞋子兩隻俱是右足的。」舉座大笑不已。

髯翁題匾

首都有一馬路名太平路，路中有一商店名光東商店，發售雜貨兼做廣東食品生意。店內懸一匾額為于院長右任所書字，字曰「至誠」。字典中可題之字甚多矣，而何以于氏偏取此二字，或曰：「此公殆有感於首都中至而不誠，誠而不至者太多，故書此以資砥礪也。」其然豈其然乎？作如是解，失諸幽默矣。

名藏五行

津浦鐵路局向用局長制，前年改為委員制，初派五委員之名各藏金、木、水、火、土字，適符五行之數，真奇極巧極。五人者，張恩鍠、孫謀、錢宗淵、陳延炯及余垮是也。相生相剋，大哉委員制！

以身說法

美國耶魯大學校長安智爾氏（Angel），早年曾任芝加哥大學社會學教授。每年暑假期間，彼必到北方樹林中歇夏。有一次，在林中散步偶一紅種土人——印弟安族人，兩人且行且談，頗為有味，至倦時，二人擇一已倒之枯樹坐下。紅人頻向安氏身旁移動，氏被擠則退而讓之。土人挨擠愈甚，苦苦相迫，率至安氏退至樹之盡頭處無可再讓，乃抗議云：「不要再排擠我，後邊沒有地位了。」紅人莞爾而笑，答：「你們白人苦苦排擠我們紅種人，有何分別？」安氏忸怩而笑承之。回校教書時，不禁屢向學生道及此有趣而確有真理的故事也。

胡適碰壁

上次胡適氏南遊，應聘講演，乃因發言不得要人歡，大受奚落，講演之約為之取銷，幾至被逐出境。外間傳其所不得人歡之言為在香港之演說辭，而其實則其「碰釘子」之真因乃在其面對某人云：「今日中國治國救亡之要圖，不在『文官不愛錢，武官不怕死』如古人所云；而卻在反過來說，文官不怕死，武官不愛錢，……」並有所申明，遂大遭忌也。

適之「鐵羽」北歸後，發表南行感想云：「此行得了三種便宜：（一）未行之前，有人誤會我南下有某種作用，今是非不辯自白；（二）有些人誤會我的主張（反對讀經等）而青年人並不誤會；（三）此次之打擊充分證明我未曾落伍，而仍然是站在時代前頭。」

胡氏所言是否有當，仰祈讀者自行判斷。

子良無趣

西北同志中之最乏幽默感者首推薛子良（篤弼）。怎見得？有事實為證。一日，余與薛及鄧哲熙二人同車，無話可談，余乃引用林語堂氏所發明之「應世良言」——「今日天氣哈哈哈……」詎料薛君聽了，登即莊言正色鄭重反問一聲：「今日天氣怎麼樣？」我與鄧君同時面面相覷，瞪目啞口，無言可答。

遊而不學

在外國讀書畢業回國者稱為「遊學生」，立法院祕書長梁寒操氏自稱為「遊而不學之生」。考其來歷，頗為幽默。緣梁於十年前曾乘輪渡美作留學計，但因過於節儉，只坐三等船艙渡洋。抵美後，美國僑務局以其為三等客，誤以其是華工不是學生，即勒令乘原船回國。梁僅在新大陸岸邊遊了兩日，並獲得免費回國之權利，故輒自稱「遊而不學」云。

馮君考古

老民黨謝英伯氏近年在廣州除執行律師業及努力於考古工作外，尚好佛學，與故趙公壁等提倡佛事甚力。有一次，謝向友人宣言夜間曾見廣州六榕寺之光塔發光，力證此是舍利寶光，並挽名流多人同觀為證。另有老民黨馮自由氏聞而作書調侃之云：「足下所見塔頂之寶光，大概是杭州西湖雷峰塔倒塌後，黑白蛇精無處藏身（民間傳說「水浸金山，仕林祭塔」故事），故而搬家到廣州之光塔去了。而且妖精放光亦可考證於古書：「《西遊記》載豬八戒夜間見有大光二道，原來是妖精的眼睛。由此可見足下之所見確鑿有據也」云云（此係根據馮君所自述之意而作，原文失傳）。

附錄：我的作文經驗

上篇：我怎樣學習作文

我不是文學家。不過，我愛好作文，常常作文。自幼至老，舞文弄墨，是生活中最大的嗜好。每執筆寫作，揮灑易易，文思如潮湧，愈寫愈長。或謂這由於天賦文才，天性接近，或謂由於興味濃厚，或謂由於資料豐富。自我思之，這些理由未必盡然也。至大的原因，還是由於我能把握作文的技巧與善用作文的方法，即是得有作文的利器在手，所以屬稿快捷，常寫多寫。日積月累，自然有大量的產品。（精粗優劣，不成問題：此只言量，不論質。）作文的興味與樂趣與時俱增，天性也由是長成了。

究竟作文的技巧和方法（利器）是甚麼？我又怎樣獲得的？如今約略追述，希望可以對於現在教育界同仁之研究教授國文方法，與乎一般有志從事寫作的莘莘學子，供給一點參考資料，更藉以為幾位教我初學作文的老師留紀念。

我年才兩三歲，先父已教我識字千餘（見其自訂年譜）。四歲開學。以後，在同街專塾讀書三年。七歲，入正式學校——時敏學堂。程度是初級小學。由此開始從根本起學習作文。教員中，令我得益最大最深，而給我一生作文之最優良、最實用，與最鞏固的基礎者，乃是盧袞裳老師。老師新會人，原名子駪，以字行。少有文名。十九歲，入縣學。他與同邑陳子褒（名榮袞，舉人）友善，因此習知並仿行其所提倡之「婦孺教育」新方法。陳氏早年即從事教育，因見外人授業，使兒童首學字母，須認字串句，乃恍然感悟，深信教授國文必須由淺入深，拾級而進，即是積字成句，聯句成文，如是入手，方收特效。尤為重要者，他知道學習作文（文言，當時不尚白話），最難最要的關鍵端在虛字之運用。於是，本著這大宗旨提倡婦孺教育，自號「婦孺之僕」，獨出心裁，特別努力，編撰各種適於婦孺之課本，文義通俗，深入顯出，不避俚語俗話，要以易讀、易解、易記為原則。如所編之「三字經」，開首數句云：「早起身。下床去，先灑水。後掃地」。又如以白話所編之歷史課本，首數句云：「古老個陣時。大地正初開。有個盤古皇。忽然生出來」。「忽然」兩字，妙不可言。

盧老師教國文的方法，一本陳氏的原則。第一，多識字。第二，教授虛字。依其新教授法，先教我們熟識虛字，善用虛字，即可將白話譯為文言，復將多句文言聯貫起來便構成一篇文章。是為其教授國文之基要原則。當時所採用的課本，即陳氏所編撰的《婦孺釋詞》。內容是將所有虛字舉列，在每字下加以白話釋詞。例如：「之、嘅也。其佢也。乎、呢也。

不唔也。豈、唔通也。……」等等是。盧師每日先教四字，學生熟記，次日溫習。全書完了，第二次從頭溫習，每日八字。完了，第三次再從頭溫習，每日十六字。完了，又來一次，每日卅二字。這教授法符合現代教育心理學所注重的「反覆學習方法」。自此以後，我們對於全部虛字的文義，都能熟習，背誦如流，而運用自如了。距今且七十餘年，猶能牢記不忘，受用不盡，可見「得法」。

進一步，盧師乃教造句，先從譯文入手。這程序是與學習虛字同時並行的，所學的虛字即旋諸實習。每日他將幾句廣東俗話寫出來，要我們譯為文言，只須將各俗話字一一改為虛字，便成文言句語。繼則要將文言句語譯為俗話。或則出句，中有空格，要我們填入適當虛字。這實是由實習而致知的教育原則。第三步，他教我們自己做文言句，經他修改。最後，第四步，他再教我們，依照一條題目，把意思造成數句，聯貫起來，便成一篇短文了。經過兩年長這樣教練初學作文的程序，基本的技巧和方法已在手，我已能寫作一篇長二三百字，淺白通順，詞能達意的論說或記事文了。

在以後兩年，我轉入述善小學。由馬桂譜老師教國文。他循循善誘，我作文日有進步。得益最大者；則由他介紹，購得梁啟超之《飲冰室文集》，自選所能了解之論說多篇，在家朗朗誦讀，以至爛熟。由是，於其用字，造句，章法，大有所獲，更得其文氣胎息，雄壯氣魄，流麗暢達的妙處，以後作文再有進步。同時，又多看舊小說，課餘輒手不釋卷。這於作文大有裨益的。據現代教育理論，凡欲學一國之文學，必須多讀其小說，蓋西洋視小說為文學之主要部分也。多讀名作是學習作文之第二要圖。

過了兩年；我又轉學，投入一家塾肄業，是葉茗孫老師掌教的。老師名翰華，南海賡生。祖茗生，父小茗，皆東粵有名文士。師為國學名家，文名噪甚，最擅詩賦。授徒多年，經驗豐富。當時，同學只得五、六人，最便於個別教練，人人都得到個人注意。所授課程有經學、史地、博物等，而特別注重國文。顧葉師專教古文，而不喜飲冰室，之新式淺白的文學文體。其於教授國文自有獨出心裁的特殊方法，故收效至速而至宏，為我在教育界數十年所得未曾見者。以下詳細敘述而表彰其教授法。

（一）讀古文：每週精選古文一篇，講解文義之後，要我們背誦。每晚夜堂溫習日間功課之後，即要我們朗誦所習各篇，讀之又讀，至篇篇爛熟，隨口念出。讀文章之法，葉師常親為示範，按著文氣文義，運用聲調，抑揚頓挫，且作搖頭閉目姿勢，以期心領神會，得到古文胎息。多多朗誦，也是學習作文的要圖。

（二）貯詞料：葉師另編應用成語，謂之詞料，每日講授若干句。我們必須牢記，務使於作文時運用自如，信筆書出，恰到好處。

（三）學典故：葉師又特輯通用典故，每日講學數條，要我們緊記，隨時運用於文中。此舊式文學辭藻求富之重要工夫也。

（四）作課文每週作課文一篇。葉師施用新穎而特別方法。出題目後，即在黑版上將本題所包括的內容（事實與觀念），逐條書出，加以解釋，以便我們參考和運用而構成文章。大凡學生，尤其小學生，多以作文為苦事者，因限於題目，既要搜索資料以充實內容，又要大費心力構造文詞。遭遇這雙重難關，顧此失彼，徬惶無措，自然難於下筆。葉師深知此情，乃不要我們搜索枯腸以得資料，先供給我們一切所需，只是要我們全心全力，造作句語，結構文章，是即為我們移去第一難關，先解除了我們心理上的抵抗，而集中精神力量於技巧之練習與方法之運用。這一來，雖愚鈍之童亦能執筆為文，不覺艱苦，真是事半功倍，進步易易。其實，作文難事，不在內容，端在技巧與方法之訓練嫻熟。利器既在手則一到年紀漸長，經驗日豐，讀書愈多，學問愈充，觀念日富，那時執筆行文，不憂資料貧乏，自可揮灑自如，斐然成章了。我以為這一方法，即在現在學校中，也可施行，只看國文教員們肯不肯多費心思和時間以作準備而已。盍為一試，敢保證成績優異，收效神速也。

（五）改課文：我們作文交卷後，葉師即細細閱評，字斟句酌，逐一修改，可留者留，否則為易他字他句，或作另一寫法，而加上「眉批」，說明修改理由。篇後，又下「大批」，評論全篇文義得失優劣，或補充意見。復於夜堂，集諸生環桌坐燈下，逐篇逐點為我們詳細解釋其所修改之處，指出作文之奧妙要訣。由此，各人於用字、鍊句、章法、簡潔、文氣、神韻、音調、古文胎息，種種優美文章之要素，又多一重精細琢磨，進步愈速。從今日教育制度實情看來，學生多至百數十人者，如此改文方法當不易施行。然無論如何，仔細改卷，指出優劣，代易句語，實為教授作文之必要。非如此，縱作千篇，無能使學生進步也。（國文課程中，另有尺牘和詩詞兩項，茲不及。）

經過一年九閱月這樣的教育，我又轉學，投入嶺南學堂。課程以英文為主，漢文為輔。在那裡五年，西學所得固是不少，而漢學方面，得鍾榮光、陳輯五、陳綺鄰諸師教授，亦有進步，尤得力於課外自己多閱書報，及多事寫作之功。（倡辦及主編《嶺南青年報》，常為高級同學「捉刀」，復為《嶺南學生報》撰文等。）離校時，居然可作出萬言長文了。

以前十年的訓練，可算是奠定我學習作文的初級基礎。至於學習作文之真正的科學方法，說也奇怪，卻在以後留學美國時得之。大學第一年級有必修科——修辭學，即教人作文的方法學也。這一專科，宛似一種科學，有系統的步驟，有特定的原則，有適當的實習，兼有切實的理論，均依照一本教科書來學習。修辭學大要如下。

（一）分段之習作。這是基於結構整篇文章之概念：串字而成句，聯句而成段，綜合若干段而成一篇文。如係長文則每短篇成為一節。如係一本鉅書則編撰若干節而成一章，復彙編若干章，加上序文，引言，參考書目及索引而成全書。是故分段實為一書，一章，一篇，或一節之基本單位。所以教授學生作文之善法，無需乎常出大題目要其構造整篇的大文章，只須先行集中全力訓練其習作精良的小段文字以為基礎可矣。長篇大論以至百數十萬言的鉅著，無非由一段一段逐級逐級結構而成，後來另有訓練方法。據此，我的教授（偶忘其名）於一上課時（每週二次）即出一條簡易單純的小題，令我們在十分鐘內寫一小段文字，不要長，只要精，務期依題將一個觀念或事物寫出來。繳卷後，經他批評修正，下次發回。如是者全年兩學期無間。教科書又有專章特別教人以寫作小段的種種方法或方式。我們依樣練習。一年之後，技巧自然嫻熟，寫作大文章的基礎也鞏固了。

（二）文章之結構。長篇大論的文章之寫作，雖由分段分節構成，但不是隨便堆砌拼合起來的，其間也需相當的技巧和必要的條件。修辭學教科書標出在理論上幾條基要原則。其最著者如統一原則，聯絡（一貫）原則等是（不及詳述）。我們需要一一謹記。在實習上，我們也無需撰著長篇大論的文章，但只要照書中提示，依題造成整篇文章的大綱（輪廓）。先把資料彙集，再為系統的編排，將每節每段的思想內容，鈎玄提要，用短句或幾隻字表列出來，或用ABCD作分題，其細目則分abcd，再分1234，務使全部資料層次井然，順序成章，合乎邏輯，成一系統。到真作文章時，即按此大綱，將每段每節句語詳細寫出來，便成全篇文章，而一般讀者也可依次順序得清楚了解全文的內容了。這無異是建築學的藍圖，層樓大廈均由此建成。所以大綱之寫作也是學習作文之基礎。

（三）文章之分類。據西洋修辭學，文章可分四大類：一記事文，二敘述文，三議論文，四辯論文。每類作法，各有特殊技巧和方法，教授照教科書所載也令我們一一學習。

（茲不贅）

我得益於這樣的訓練至大，可算是完成了學習作文的課程。歸國後，從事寫作，本著留學所得，參合少時在國內所學，融會貫通，折衷鍛鍊，發展為自己作文的方法。數十年來從業各界，寫作無時停止，皆自由運用自得的方法，頗覺有效。至今還是努力修養，日求進步，冀多作貢獻於文化學術界也。

下篇：我自己的作文方法

我學習作文，得力於本國及外國名師之訓練，稍立基礎，已在上篇略述梗概。回憶初歸國時，因多年來只讀外國書，講外國話，寫外國文，連思想程序也變了外國化，所以每作中文，便覺戛戛乎其難，總是文思有礙，落筆不易。惟有先用英文起草，再翻中文。這是我當時作文的方法，可謂怪誕不經！因此博得「本地老番」之綽號。及今想起，猶堪發一噱。

卒之，我以堅強意志克服困難，逐漸把英文化的思想程序扭轉過來，重行循中文正常程序來思想。再多方努力，才能如前寫作中國文章。其後，勤力自修經、史、文、哲諸學以及研究書法，美術。至於從事寫作則折衷中西方法，根據理論經驗，自己養成一種自得的方法，數十年來施行有效。這不能說是甚麼獨得的「祕訣」，其實是個人寫作的習慣而已。如今又歸納為幾條原則，書將出來，也許可為愛好作文的青年他山一助，或參考之資。

我常自覺作文方法有所不足，未臻完善。因在幼年只受了短期的國學教育，於用字，修辭，詞藻，詞章，典故等等，缺憾仍多，所以時時辛勤修養，努力彌補，常要進步，精益求精。各種工具書，如字典、辭典、及其他，凡可以為作文之助者，儘量施用。偶然用字不的當，或引典有疑惑，必多方查考，不敢怠惰。而且不時向博學的至友虛心請教。結果：自己實受其益，作文方法及國學知識，遂能與時俱進。倘得老天再假我十年廿年學習的機會，相信可以希望不難成為真正的文學家。我不為作文而作文，必也覺得熱情滿胸，資料（或觀念）滿腦，有不能不宣發於外之勢，始行執筆。夫如是，作品乃能言之有物，言之由衷，而且表達真情真見。

文興不來，心情不佳，我不作文。必待興致勃發，心境寧謐，然後握管。非然者，驅策自己，勉強為之，縱有所成，亦不是好文章。毋寧擲筆，另作他圖，等到心曠神怡，逸興遄飛之候，自有「神來」之筆。那時，響應靈感，集中注意，於是振筆疾書，一揮而就，自有氣盛言宜之妙。

作文程序，每得一題，先作「腹稿」。第一、思索及搜集資料。第二、組織內容，編排系統，或寫出大綱，構成全編輪廓。第三步，然後行文。

大凡作文之第一難關，乃是矜持態度。因受了句語文字之障礙，每以為自己的作品，一經發表，任人讀閱，即受人批評，所以下筆必須慎重，以成佳作，甚或希望於「壽世」之外，將可「傳世」。因此，輕重倒置，主奴易位，文思即受窒礙，心理遭遇抵抗，下筆為難。一如上篇所言小學生作文的難關在內容，此則言文字。我的作文方法，先行自動的打破這難關。開筆時，不受文字的拘束，不管所寫之精粗優劣。首先致全心全力於內容——資料之搜集與陳述及思想之表達與發揮。凡心之所思，腦之所藏，情之所感，一切有關本題者，信筆草草書出，甚至不理層次，不成文句。這是初稿。待內容已竭，然後回頭重編資料，使有系統，再行細寫每段每節的文字。在這程序進行中，心靈裡常發生奇蹟：一邊寫作，一邊便有多餘的，或遺漏的，或前所未有的，新異思想與資料，源源湧出，自可隨時加入於適宜的一段或一節內。全篇完成，是為二稿，或可稱「草稿」。繼而再來一次整理全篇，修正內容與潤飾文字，三稿乃成，仍是「未定稿」。如果不趕著發表，可再行從容仔細勘覈內容，磨練字句，以成「定稿」。此所以我作文的工具，除紙、筆、墨之外，必常備剪刀一柄，漿糊一瓶，以備修改時作剪裁改貼之用。定稿既成，然後重鈔。須知，文章愈改愈良。許多作者於文章發表之後，翻讀一過，輒覺仍有未愜意之處，可見此言有理。苟且從事，潦草塞責，必無好文章。所以古人作文常有數易其稿者，總而言之，「文以載道」，道——內容——是主，是目的；文是奴，是工具（或手段）。作文必先顧內容，徐理文字，此不二法門也。

外國學者，每著一書，初稿成後，輒打字多份，（全書或部分），分寄友好專家，請作建設的，積極的，批評的校閱，徵集意見，以資改善，以求進步，然後再作定稿付梓，法至善也。（近十餘年，我曾為中外學者評閱專著原稿多次。）切磋琢磨，此之謂歟。學術界應有高尚的水準——「知識的誠實」，不剽竊，不掠美，文人相重，文人互助，成績當益為美滿了。我個人每作嚴肅的中英文著述，亦多有就正於中外好友的。因初稿純是個人主觀的產品，誠恐有所見未週，所寫未善，或表達未適宜之處，每得一真知己的，有學問的益友從客觀上品評一次，便改善一次，正是求之不得的幸事。（即如：近作英文〈陳白沙先生的自然哲學〉長篇論文，曾分寄六、七位中西哲學家評閱，歷時一年始獲定稿。）間有不明此道者，或以為是羞恥事。不過，譏笑由人，實惠歸己。「謙受益」，誠至理也。

我作文喜歡用淺白暢順的文字，時或雜以白話，或白話中雜以文言，恍似前代思想家的「語錄」。有人稱這文體為「文言白話化，白話文言化」。初時，人或以為是怪誕，但近來的流行文字，如報章雜誌，甚至學術論文與書籍，多已通用此體。無他，適應時代，順應人情，省去雕琢工夫，切合人生實用，故自然而然也。白話文（此指語體，不是各地方的土語）不是不好，但較宜於短篇，寫實，或小說，戲劇之作，表達力量，比純文言為強。然淺顯文字，半文半白者則較簡潔，較利便，復較為經濟，尤其是長篇鉅著。所謂經濟者，節省寫工，校對，排印，篇幅，以及讀者之精神時間也。況且此體文章實兼具文言與白話之長，故余樂用之。

對於翻譯工作，我也有多少經驗與心得。初時，我泥於「直譯」方法，務求字字句句，悉照原文譯出，甚至連句語位置也不變動，以為這樣才忠於原著。如是，似乎信矣，然而不達不雅。結果：譯文艱澀生硬，佶屈聱牙，有時一句長達數十字，令人讀來難解其意義。最好笑者，每每翻讀譯稿，連自己也不知所云，亟要查看原文而後能懂其意義。後來，自想辦法，日漸改良。因思，大凡譯文必以忠於原著之意義及精神為至要，是即所謂「信」字之真義。其文字則務須雅而且達。如此則修辭必要合乎中國文章筆法的準則，如一句一讀之上下位置可以調動，而大凡長句則可截為兩三短句，務求表達其全義真義。所以每著手翻譯，我先把原文全篇或全書，細細閱讀，務期了解其文義及領悟其精神，然後下筆，必使原著內容毫無遺漏，一一表達於譯文。（節譯或意譯者例外。）如有一字一句文義未明，或自覺譯文不妥者，必查明字典，或多方參考，費盡心思，以期盡善，不敢苟且，庶免鬧出錯譯之笑話也。譯文中尤須顧及詞句之連貫，全文之統一，使其成為一氣呵成，脈絡貫通之文章。如其能達到讀來等於中文而不似譯文，則更是上乘功夫了。關於地名、人名、或專稱、每有作一音一字之直譯（音譯），以至名辭冗長艱澀，輒令讀者感到頭痛者。余意，這可不必。尤其小說及記事文，如未有通行的專名，則不妨自己用中國式的字樣譯出，則讀來自然容易入目而又無損於原文了。由經驗與思索所得，我對於外文之翻成中文，每句每讀之構造，與上下位置之次序，差已得了一種固定的方式，翻譯全文，等於抄書，脫稿後再為修改，一如上言作文方法。相信每個翻譯家，如肯用心思，費工夫，必可做到的。

我自幼至壯，迄今老年，凡寫中國文章、函件等等，必用中國筆墨而從不用鉛筆，鋼筆，或原子筆。即留學外國七年，也帶齊土產毛筆徽墨前去，作通信用。至今，不用毛筆便不能作文，即強而為之也不能多，不能好。這或是個人習慣使然，但自信是好習慣，對於國家，民族的經濟福利是大有關係的。如果中國人不用中國筆墨，對於土產文具工商業之效果，將不堪設想了。而況維持中國傳統優良的文化，還是我們的大責任呢。

我養成了習慣：每日必要提筆寫寫中國字。一天不寫，便恍惚覺得有一件事未做過。這一好習慣，至老年實受其益，至大至大。因人到年老，一切興味日漸減縮，而又死不去，日長夜長，百無聊賴，不知如何過活。然作文的興味，苟盎盎常存，則每日執筆自由寫作，不受時間，題材，字數或任何條件拘束，其間自有無上真樂趣，正是消遣，解悶和養生之至善法，至妙法也。夫內心自足，則無待乎外，此白沙先生之絕學，豈我欺乎？「管城子」與我早已結了「白髮偕老」，「相依為命」的莫逆交，成為一生——尤其在近年——最良好，最親密，最忠誠，和最有益的伴侶。謹鄭重書出此切身經驗，忠告一般青年文友。請及早為計——開首籌備將來年老遺興消磨永日之法，培植作文興味，養成寫作習慣，當一生受用不盡。

廿多年來，我違難海隅，閉門治學，鮮涉外務，期完成專著。我克制自己的發表慾，不多寫，不濫寫。凡他人可寫的文章而不必我寫的，不寫。凡對於人生界學術界無個人特殊貢獻者也不寫。必深信非我寫不可者，然後執筆。非然者，白費紙墨、印工、又虛耗讀者的精神，時間，兩無所益，罪過罪過！這也許是年紀漸老，筆花漸謝的表現，但從另一角度看來，這也許正是我學習作文七十餘年之真進步。

中國基督教的開山事業

謹獻此書紀念

車公錦江——中國基督教第一位殉道者

（遇難日期：一八六一年——即咸豐十一年——十月十五日）

序

最近，我致力於「太平天國的基督教」之研究，多讀中西文的傳教史以蒐集資料，因而獲悉基督教在中國開山時期內（大約最初的五十年）中西教士許多奇偉的事蹟。以題材範圍所限，不能盡錄之於研究專篇之中。但又不忍捨棄如此珍貴而有趣的史料，乃另行彙纂，使自成一篇，內分十節，分別縷述這時期內的主要人物及其事業。其目的端在發揚基督教真正的和偉大的精神，與乎前人開基創業艱難締造之勞動。稿成後，曾先後應合一堂青年部及基督教文社之邀約講述其內容。聽者似乎甚感到興味，紛紛追求全稿，且有慫恿我亟行付梓，以饗同道者。我見得既有此需求，遂將全文修正，交由基督教輔僑出版社印行。這本小書寫作及出版之經過如此。

余維基督教（廣義的）的根本性質，原是一個歷史的、社會的、精神道德的大運動。最初由教祖耶穌以「愛」創教立教。所謂「愛」者，天人相愛如父子，人人相愛如兄弟，更以此為實現（建立）天國於人間之原則，——即是盡包一切的總原則。自開教以來，基督徒世代相傳，逐漸演進而成為普遍全世的社會大運動，於茲一千九百餘年矣。這是有組織，有系統，有宗旨的宗教運動，其間從歷史的發展而產生的，有教會、有經典、有信條、有典禮、有儀式、有祭司（教皇、主教、牧師、會督……等等），而其中最重要的成分厥維教徒——基督徒。無論各宗各派的名目如何、教條如何、典禮、儀式、或其他種種制度如何，基督教運動之主體是基督徒，而其中心則為耶穌基督。其愛神愛人之言行永為基督徒的模範，而其聖潔犧牲救世救人的生命，由人格傳統，代代相承，處處表現。這大運動，有若長江大河，其流汩汩，分支雖多，但皆由天上一個源頭而出；活水所至，無不化荒瘠不毛之地為甘泉沃壤，予痛苦罪惡之人以強力新生。其最初由馬禮遜博士及繼由中西教士等所傳播與培植於我國之基督教，即此長江大河之一支流也，即此大運動之新發展——一脈象傳之一分組也。觀其百多年來在教會、在醫院、在學校、在著述文字及在其他慈善社會事業中所結之纍纍善果與其在全國各方面所發生的影響與成功，尤其是在百數十萬基督徒之重生的人格中，可知其為基督生命之傳統與其精神之實現矣。

基督教之所以永恆地生長不息繼續不停者，除卻因為基督的真理和生命經常表現於基督徒的人格中而永為生活不死的精神運動之外，尚因其自始即有一種特性，即是傳教的精神和努力。這也是一脈相承永久不變的。耶穌基督以門徒為普照世人的大光；曾差遣門徒往四方傳上帝國之道；又教他們必須傳播天國福音於天下；最後的遺囑更明令他們招收萬民為徒，廣傳其教道。（上見馬太五、十、廿四、廿八各章）以後世世代代凡是基督徒，都敬謹遵守，因為他們自己既得承襲和享受這救人救世的福音——好消息，不能自祕，定必自自然然地本著愛人的大原則將此真理傳之他人。這樣才是盡了作為基督徒的一種神聖的義務（可稱為「神聖的差使」），才是遵行教祖耶穌的教訓。所以歷來傳教士不惜犧牲富貴榮華與個人安樂而遠去遐方異國傳教播道，而一般的基督徒除了個人證道傳道感化他人之外，也盡力捐輸財物以為傳教事業之後援，或作他種努力以宣揚聖教。本書所述中西教士教徒在各種開山事業中之種種表現，真可示範後世。他們在中國真確為基督教樹立了永久的精神基礎。這基礎是表現基督教的特徵，是建在磐石之上而永不磨滅永不崩倒的。

抑有進者，基督教徒之宣揚真道，無論如何努力，但從來不用「霸道」，而只用「王道」——這即謂絕不使用武力之強迫他人信服，但只本著自己的愛心、誠心、與熱心，配以努力，毅力，及能力，去幹這種神聖的工作，而必尤其人心悅誠服，自由自願的皈依基督。這實可稱為「聖道」。猶記從前看過一幅圖畫，（也許好多同道亦曾看過）繪出耶穌乘夜提燈叩門，——祂盡心盡力的叩，但忍耐靜候，必要其門自內開放，祂才進去。這就是基督教的傳教精神。不特此也，叩門者——傳道者，縱然遭遇著斥逐、凌辱、拒絕、甚至窘迫殺害，也不反抗，並不停止，準備著犧牲生命以身證道殉道，以期感格人心使其自動覺悟而誠心歸命焉。這又是基督教內在本有的特性之一。自從教祖耶穌被釘十字架之後，世世代代的門徒到處皆有以身殉道的忠烈事蹟炳彪史冊。其在中國初期的中西教士教徒因傳道之熱誠，信道之堅篤，每有受壓迫困逐甚至慘被殘殺而仍努力不停，信仰不變，且甘之如飴再接再厲者，其百折不撓，忠貞節烈，不辱使命的精神，真令人深心感動的。（其後在庚子拳亂中西教士教徒之忠烈殉道更以千百計，其事蹟為本書所不及備載。）

在現今大動亂的時代當中，人們需要耶穌基督淑世救世的福音尤殷。凡是基督徒自應加倍努力，踏著先賢先烈的足跡，本著他們的勇氣與精神，而邁步前進，務使愛神愛人的真光永遠普照不熄，信道守道的活力常得加強不減，而且傳教衛道的熱誠與時增進不退。夫如是，乃在基督教大運動的演進程序中克紹大業，繼往開來。如果這區區小書能使先賢先烈之殊功偉業懿行美德，得及時有相當的表揚以與其令名永垂不朽，兼能使讀者們多知前人開基創業篳路藍縷的忠貞偉蹟，不特不至數典忘祖，而且多得鼓舞與靈感，則個人亦算稍能盡一個歷史研究者發潛德闡幽光之職責了。

末了，我對於幾位同道要表示謝忱。我首先因由劉翼凌先生之介紹乃得將書稿交由基督教輔僑出版社印行。繼得輔版社總幹事蘇佩禮犧牧師Rev. H. W. Spillett之提供幾點意見，努力幫助，及遠從海外蒐集圖像（本書附圖之大部分）藉以增光篇幅，充實內容，尤其加濃興趣。至於八旬高齡之張祝齡老牧師與我已有四十餘年的交誼，一向對於我的生活及工作多所鼓勵，多所援助；我屢次引用王元深的《聖道東來考》一書，是由他檢出舊藏慷慨相贈，實為本書重要的史料來源。這三位同道皆是我所深心銘感的。

簡又文　一九五六年一月於香港大學東方文化研究院

弁言

基督教之最先傳入中國者為唐朝的大秦景教，即涅斯多留宗（Nestorians）。第二為元朝的「也里可溫」，即中亞細亞的景教。第三為元朝羅馬宗的法蘭西斯會（Franciscans）。第四為明末羅馬宗的多密尼克會（Dominicans），後稱天主教。第五為清初康熙間俄國俘虜由黑龍江帶到北京之希臘宗，即俄國的東正教。第五是改正宗（Protestant Church），現在一般的專稱為基督教，於十九世間之初（清嘉慶間）始行傳來中土。這本小書的內容是將基督教（即改正宗）在中國開山時期的重要人物與其事蹟，分十節敘述出來。

第一位傳教士

第一位來中國傳播基督教的是英人勞博・馬禮遜博士（Dr. Robert Morrison）。他於一八七二年生於英國（Northumherland地方）。全家隸屬長老會。父業鞋匠。馬氏幼時，曾助其父工作多年。後入學校讀書，敬虔好學，熱心傳教。一八〇四年，年方廿二歲，即向倫敦傳教會（The London Missionary Society）申請到中國傳教。翌年，得通過入選。時人多有訕笑之以為愚妄之舉者，馬氏不為之動，且即行積極準備，先學語文。時、倫敦博物院藏有一卷天主教人士初譯的《聖經》一部分稿本。馬氏即由此入手，幸得一旅居倫敦的廣東青年容三德（音譯）為助，中國語文遂得稍有根柢。迨欲動程東來，即遇到第一難關，因為當時壟斷東方商務而且操縱航業的東印度公司，仇視傳教事業，他不能直接經印前來。馬氏另想辦法，於一八〇七年一月先赴美國，假道紐約，乘美船來華，卒於是年（嘉慶十二年）九月七日抵澳門，旋到廣州。（按：據王元深：《聖道東來考》頁九云：據《聖會日報》載，在馬博士來華之前八年，即一七九九，嘉慶四年——「有英國浸禮會教士馬士文——即麻書曼（J. G. Marshman）——曾至中國北省傳道，未知至何省，無跡可考，後世無傳，或因地方官不許登岸傳道，即離其地，未可知也。」麻氏後往印度，獨自翻譯漢文《聖經》，詳後節。其旅行華北，大概係觀察性質。以其並未留華傳道，故仍以馬博士為第一位傳教士。）

是時，海禁未開，清廷對於傳教禁令嚴。他即時遭遇以下三大困難：（一）華人不得教授外人以中國語文；（二）非經商之外人不得居留內地，（外籍婦女一概不得居粵）他因此不能以傳教士身分居粵；（三）澳門的天主教士又極端反對基督教改正宗的傳教工作，因之又很難在澳門立足而展開工作。然馬博士雖遭遇種種磨折與阻力，而絕不灰心，即以勇毅、虔敬、與機智，努力進行。幸而當其假道美國時，先事得有美國國務卿馬迪生（Madison）之介紹函來粵，至是乃得廣州美領事之照拂，因而得一廣州美商許其棲身於貨倉內。有此掩護，馬氏即開始工作，首先繼續學習語文。他以為既已許身基督為中國人服務，當與華人同化，以便傳教，於是改穿華衣華履，蓄髮垂辮，留長指甲，飲食習尚俱隨華俗。未幾，因發覺此舉無益，反為不便，乃罷。然而，由此卻可見其苦心孤詣了。

一八〇九年，他與澳門英商莫敦之女結婚，家室在澳門，夏季來此避暑，餘時仍獨在廣州工作。同時，因語文優異，東印度公司轉聘其為翻譯員，固已稍變其前此仇視傳教事業之態度矣。馬氏因受此職而得獲兩大利益。一則此後豐富的薪金給予經濟保證以維持其工作。次則此後取得正式商人的身分及地位，可以公開居留廣州以展開傳教事業。此實天賜良機也。馬氏一方面為公司服務，同時學習語文益為努力，準備傳教工作。一八一六年，嘗隨英國特使安墨士（Amherst）前赴北京，因得機會遊歷中國北方而習知全國的風民情。他雖與商界政界有關係，但始終以傳教為目的，未嘗因其他副業而稍變初衷也。（按：英國早於一七九三年，即乾隆五十八年，初派特使馬戛尼Lo. D Macartney來華交涉，其要求條件中有容許英人傳教一款，徒因不肯於覲見清帝時行拜跪大禮，條件一概被拒絕，失意而回。第二次，於一八一六年，即嘉慶廿一年，派安默士前來，欲解決中英間商業糾紛，亦因拜跪禮節發生障礙，被斥逐回國。馬禮遜是次被徵隨行，任翻譯官。自是中英邦交日趨惡化，影響傳教事業至甚，此當注意者。）

博士工作至勤，堅忍耐勞，而且能力充沛，故雖身兼兩職，而對於傳教工作有特殊重大的貢獻。他本是一個學者，致力於文學，萃其心力於《聖經》之翻譯，以奠定基督教在中國的基礎（詳下文）。大凡一種宗教之移植於新異的地方，必賴功效顯著的殊蹟（如救濟慈善工作），然後可以感動民眾藉以傳播迅速而廣闊，然又必有優美的文學，敷陳教理，發揮奧義，而後可樹立根深柢固的深遠基礎，此近代傳教的基要法門也。馬禮遜博士自始即集中力量於文字工作，確是具有高瞻遠矚，真知卓見的宗教大政治家的眼光，上足媲美中國佛教初期一般高僧之致力於譯經工作。不過，正因為他幾乎運用其全部時間與力量於譯著的事工，故與中國人士接觸的機會不多，而直接講道傳教的工作甚少，遂令其在數量上的成績似乎不大可觀。計自開始工作七年之後，始收穫得第一個基督徒——蔡高，而在其工作廿五年間受洗禮為基督徒的中國人只寥寥十名而已。然而他的工作之根本性質乃在開創大業，奠定基礎，其價值在質，固不能以區區數量估定之也。綜計其文學的成就，包括翻譯及印行新舊兩約全部《聖經》及宣道小冊，《聖經》課程，與祈禱文等多種。（據《廣東文物》卷八，麥梅生：〈基督教在廣東〉，臚列其作品名目有《神道論贖救世總說真本》，《問答淺註耶穌救法》，《如德亞歷代列傳》，《新約史綱》。）於宗教文學之外，他尚著有《英華文法入門》，大貢獻也。至於華文印刷所之開設則是宗教工作之必需的機構，亦殊為重要的成績焉。

中間，倫敦傳教會續派人來華以為馬博士之臂助。其人即米憐牧師（Wm. Milne），於一八一三年來粵，是為到中國的第二位傳教士。他真是馬氏的同志，亦非常注重文字工作，極力幫助馬氏翻譯《聖經》。當時時局日趨惡化，清廷清吏因怒恨英人之故，對於洋教之壓迫亦日加嚴厲。馬博士見得粵中所遭之困難太大太多，前途危險萬分，寥寥幾個教徒固有一網打盡之虞，淺薄未固的基地亦可能有一旦被毀之禍，如是將至前功盡廢，復興為艱，於是見機而作，未雨綢繆，與米憐牧師熟商應付大計，決往馬來半島之馬六甲埠，開闢新基地，遣米氏前往主持。此一八一五年夏四月事也。米牧師將廣州之華文印刷所遷去，並挈工友梁發前往工作，其後馬博士譯成之全部《聖經》及許多宣教小書，皆在此刻版印刷的。馬氏為訓練基督教人才計，又在彼處創辦英華書院，捐助鉅款為開辦費，而由米憐為校長。（梁發在馬受洗禮，而後來歸國任宣教師的何福堂進善即是由此書院畢業的）米氏在英華書院發行一種中文雜志，名曰：《察世俗每月統記傳》，（當時譯文之幼稚可見一斑）是為基督教的第一種中文期刊。米氏對於文字工作，興味至濃，努力不懈，所著《張遠兩友相論》小冊，論道闡教，最為有效。不幸正在年富力強，準備充足，工作開展當中，米憐牧師於一八二二年因病下世，年僅三十七歲，誠初期中國基督教運動之莫大損失也。十年之後，廣州的基督教信徒與事業果大受清吏之壓迫。有幾人（如梁發等）乃以此地為逋逃藪以暫避其鋒，而編譯著作以及印刷書籍的工作仍在此繼續不停。直至一八四二年，香港割歸英屬之後，此基地乃得全部遷回華南，大舉展開工作。由此可見在此開山時期馬、米，兩位開山祖於熱心毅力苦行之外，其遠大的政治家眼光確是卓越可佩，故其功業能垂不朽。

一八二三年杪，馬博士於來華十六載之後，首次回國。（在動程之前親自按立梁發為宣教士，事詳後）他在英國仍努力為傳教事業作宣傳。其元配早於三年前去世，遺一幼子名儒翰隨同返國。一八二四年，續弦。翌年，挈眷重來，繼續原日工作，仍兼任東印度公司職。時中英商務糾紛愈甚，時局日形緊急，馬博士對當事者之政策，不表贊同，嘗一度以去就爭，顧以位卑言輕，終無力以挽狂瀾也。（參考C. S. Horne: *The Story of the L. M. S.*, p.140）

一八三四年八月一日（道光十四年）馬博士病歿於廣州，年五十二歲，遺骸葬澳門。子儒翰學成，來粵，在英國領事館任職，雖不以傳教為職業，但襄助教會工作，維持先父遺業，及救援被難教徒，甚為熱誠，亦克家令子也。博士去世前所準備的最後一篇說教辭，題目是：「我父家多第宅」（新約經句）。此曠代的傳教偉人已常居天宅，永享天爵矣。當其初來中土為中國基督教運動之開山始祖，受盡多少折磨困苦，不避任何危險艱難，披荊斬棘，篳路藍縷，以廿餘年不斷的努力，乃奠定鞏固的基礎，使後來傳教信教者踏著他所開闢的大路而前進發展，秉著他所留傳的精神而繼往開來，其對於宗教、文化、與人類幸福，貢獻之大，勞績之偉，自必永傳於青史中。（按：從前之「倫敦會」教會，即現在與他教會聯合為「中華基督教會」之香港合一堂，廣州惠愛堂等，皆自馬禮遜博士死後由倫敦傳教會所派來一脈象傳之傳教士所創立。又廣州青年會內有「馬禮遜紀念堂」於博士來華百年紀念時建築者。）（又按：儒翰．馬禮遜後於一八四二年襄助英使訂定《南京條約》。時其父勞博、馬禮遜博士去世八年矣。近來有人誤會同為一人，故附筆辨正。）

第一本漢譯聖經

在馬禮遜博士來華這前，早已有人從事《聖經》之翻譯了。唐朝景教的零碎譯文（在敦煌發現）及天主教的初譯本姑不論。其在基督教的改正宗方面，則於十九世紀之初已從事譯經工作。其時，有三位在印度孟加拉（Serampore地方）的英國教士對於傳教事業極為熱誠。其中，有麻書曼者早於一八一一年，新約譯成。又至一八二二年，兩約全部《聖經》乃完成，即用鉛字活版排印。（按：此譯本後來流傳不廣，各教會均未採用。）但在這時，馬禮遜博士在粵所譯的全部《聖經》先三年早已完成了。所以麻氏的新的譯本，可算最先；然以全部《聖經》論，仍不得不推馬氏譯本為第一。

馬博士的翻譯工作，係以先從倫敦攜來的兩種舊譯本為藍本。（一是《四福音》，一是《使徒行傳》。此據A. Wylie: *Memorials of Protestant Missionaries to the Chinese*）。據說，他前在倫敦博物院發現了天主教的舊譯本，乃親手鈔錄三十頁，另由助其學習華文之粵人容三德為其鈔錄其餘至希伯來書為止。此鈔本之一部今存香港大學力書館。（見麥梅生：〈基督教在廣東〉）其實，馬博士由倫敦博物院所得者是新約舊譯本重要部分之手鈔本。及抵粵後又由天主教教士而得「四福音」的舊譯本。乃根據此兩種舊譯本而重新翻譯新約全書。一八一〇年，他先將修正及重譯的《使徒行傳》付梓。繼而在一八一一、一八一二兩年中，陸續印行《路加福音書》及《約翰》各書之大半。天主教人士大為不悅。澳門主教得其一本，怒而焚之，以為是「異端書」。此本根據天主教舊譯而成，事雖滑稽，但馬氏譯本係為平民讀本，凡人得而，與天主教之教規大異，亦無怪其然也。（事見Horne: *Story of the L*., M. S., p. 129）

約在此時，馬博士的工作忽遭遇一種大威脅：即是：清廷頒下嚴諭，禁止洋人傳教印書。論文略謂：「自此之後，如有洋人祕密印刷書籍，或設立傳教機關，希圖惑眾，及有滿漢人等受洋人委派傳揚其教，及改稱名字，擾亂治安者，應嚴為防範，為首者斬立決。如有祕密向少數人宣傳洋教而不改稱名字者（原譯者按：洗禮也），斬監侯。信從洋教而不願反教者，充軍遠方。」（譯文引自《梁發傳》譯本）馬博士及其助手的工作立即成為犯死刑的大罪了。他將此諭譯文寄往倫敦傳教會，同時宣言將不因此而停止工作，惟於暗中堅決邁進。其勇敢與堅毅的精神，洵可佩也。倫敦傳教會的董事們壯之，益鼓勵其進行，即於一八一三年加派米憐牧師來粵為其臂助焉。（見Horne上引書p. 130）

米氏對於文字工作亦同感興味，努力研究華文，未幾即能與馬氏分工合作從事翻譯。一八一三年杪，馬博士獨力完成的新約全本（一部分根據天主教舊譯修正）印就，乃設法傳播於中國人。幸得外國聖經會及東印度公司一位董事之捐款，因得大量印行袖珍本以便廣為派送。同時，與米牧師合力翻譯舊約。至一八一九年十一月，全部《聖經》翻譯成功，共廿一冊。舊約中，從〈申命記〉至〈歷代志〉、〈約伯記〉（〈路得記〉除外）是米牧師的譯稿而經馬博士修校者，其餘皆出馬博士手筆。一八二三年全部《聖經》在馬六甲刻版印行。其時，因國內傳教之禁甚嚴，米牧師已奉馬博士命建立中心基地於馬六甲，兼設印刷所，大部分的經書皆由此刻版印刷者，而任其事者則梁發等是也。

此偉大工作既得完成，西方基督教國家為之震動。英國格拉斯哥大學因而贈米牧師以神學博士之學位焉。（馬氏先一年已得此學位）初期譯本，全出外人手筆，且全用文言，譯文當然不佳。文字多有不通之處，殊不能表出義理，讀來詰屈聱牙。全部《聖經》名曰「神天聖書」。其中名辭，如稱上帝為「神」「神主」；耶和華為「神爺火華」；聖靈為「聖風」，或「聖神風」；天使曰「神使」；安息日音譯為「撒吧日」。十誡譯文：（一）「爾不可有別神也」；（二）「爾不可為自而造何雕刻的像」；（三）「爾不可徒然而用神主爾神之名」；（四）「記憶撒吧日以守之聖然」；（五）「敬爾父爾母致爾各日可為長多於神主爾神給爾之地」；……（九）「爾不可妄證乃爾鄰」。又主禱文句譯云：「爾旨成行於地如於天焉」；「勿由我等人誘惑乃救我等出凶惡」。又耶穌訓言，譯云：「爾求而則將得，尋而則遇著，拍而則得開門與爾。」其後，郭士立牧師、裨治文牧師，及麥都思牧師等一再修正，陸續刊行者有「郭氏譯本」、「委辦譯本」、「修訂郭氏譯本」（以上各譯本皆用文言）及國語與各處方言譯本多種，文字逐漸比前進步。直至現今，仍有人埋頭從事聖經之重譯焉。（即如呂振中牧師在香港）

嚴格地以時期計，世界一致公認馬氏譯本為第一本漢譯《聖經》。但麻氏與馬氏，一在印度，一在中國，各不相侔，各不相約，而同時為同一崇高偉大而虔敬的目的各自進行，各自肩任此艱巨工作，又幾在同時各以譯本送到英國教會，洵可稱為宗教史中之奇蹟，與文學史中之佳話也。

第一位中國基督徒

中國人之第一個受洗禮為基督徒的是廣東香山（今中山）人蔡高，他生於一七八八年（乾隆五十三年）。弱冠即隨長兄蔡興（或稱蔡盧興，皆譯音）在廣州任刻字印書工作。一八〇八年廿一歲時，因業務關係，始得認識馬禮遜博士。翌年，與兄承印博士所編譯之經書，後為監工。（據〈年譜〉）以後常有機會到馬氏家中聽道。初因語言上的隔閡，於教義不大了了。其後，以馬氏苦習粵語已大有進步，乃能中心領悟其所教，且漸覺津津有味。由是每逢星期日必步行數里到馬處禮拜聽講，馴至大受感化，且養成祈禱習慣。（按：其時尚未設有禮拜堂，博士只於星期日在寓所集合若干人共同禮拜讀經講道。）一八一二年九月八日，蔡高決心皈依新教，自動請博士為之施洗禮。他的性情本來非常躁急暴戾，常與同事，甚至與其兄，口角爭執，斤斤不休，博士嘗欲辭去之。但自受宗教感化後，自覺性情不合，行為不對，又自覺對親友未能盡其倫理本分，乃真誠悔改，果然洗心革面，前後兩人。越二年，廿七歲，博士認其為合格，且對其所自書之信仰志願書亦甚愜意，遂在澳門「東望洋」海濱一個幽靜小山側之泉水間為其施洗禮。此為馬博士來華開始傳教七年後首次收穫的果實。時為一八一四年七月十六日也。（按：據〈蔡先生年譜〉云：是年五月七日蔡氏兩次準備受洗禮，均阻於政治力不果，至同年夏曆重陽乃行之，疑有誤。上據馬博士親筆所書日記，當可信。又據張祝齡牧師親自到澳門考查其受洗地點，見有一處地方，「跨山腰而過，遙望一山，為澳門地勢之最高者——今名東望洋，有燈塔一座，及天主教聖母堂一間。……俯瞰其下，地至幽僻，為極小之海灣，及前觀之，則所謂源泉汩汩者，僅留跡兆。夫以當年馬蔡二君臨此之日，此地或且無名，故馬君日記，以描寫景物之筆出之。然溯其時為七月，正綠樹豐肥，淋雨洋溢之時，溪澗泉溜，潺潺汩汩，亦固其所。……僕嘗道出其地。歷詢土人，知澳埠之所謂高山與僻靜之海隅，僅此而已。則是地之果為蔡高君受洗地點，似不庸疑贅已。」載一九一四年十二月十六日上海《通問報》）

其後（一八二二）其長兄蔡興亦受洗禮於馬博士，其弟阿三（據〈年譜〉名「咸和」）

亦皈信福音云。

關於蔡高受洗後的事蹟，很不清楚，而於其去世時期及原因，更有兩種大為相異的記載。據倫敦會初期的一位麥都思牧師所著《中國》一書（頁二六二，麥氏Medhurst於一八一七年初到馬六甲。一八三五年，即馬博士死後之次年夏間到廣州巡視教務訪問教徒）謂蔡高於一八一八年死於癆病。又據王元深著《聖道東來考》（初期熱心宣道者，書成於一八九九年）亦謂其於一八一八年病死。又據劉粵聲編《香港基督教會史》之〈馬禮遜博士傳〉則謂蔡高於一八一九年為道瘐斃獄中。另有傳說其入獄之由係被天主教徒在香山縣誣告其妖言惑眾，遂被逮捕而死云。

然而另有廣信許克讓及香山蔡子康（大概是蔡一人或族人）同修之〈蔡先生年譜〉（載一九一四年十月十六日上海《通問報》）所載蔡氏受洗前後事蹟則大異。據言：蔡氏於一八一三年廿六歲（受洗之前一年）娶妻楊氏。一八一九年卅二歲，長子昌生。一八二八年四十一歲，業船商航海（即俗稱「行船」），其後，楊氏亦受洗禮。一八四六年，（道光廿六年）五十九歲，被清吏逮捕下獄。先是，本年正月廿五日清帝諭曰：「前據耆英等奏學習天主教為善之人，請免治罪，其設立供奉處所，會同禮拜，供十字架圖像，誦經講說，毋庸查禁，均已依議行矣。……其有藉教為惡及招集遠方之人，勾結煽誘，或別教匪徒，假託天主教之名，藉端滋事，一切作奸犯科應得罪名，俱照定例辦理。……」云云。「夏五月，地方官接到諭旨，聞先生是教徒，即查先生所讀之經，內有天主字樣，又查先生禮拜不供十字架圖像，與天主教不符，指為別教匪徒，假託天主教之名，照作奸犯科定罪。六月初三日，殞於獄中。以上〈年譜〉所載為其後人成族人所修，時間地點及事跡均詳載無遺，自是比較可信。於此確鑿的文件證之外，更有一有力的「默證」；即是：在馬博士的日記一八一八年大事中並未提及蔡高的死事，可見其生前從未聞蔡高的死耗。考馬氏於一八一七年將其辛苦多年始行編成之《英華字典》付印時，為工人告密，官廳即逮捕工人，沒收書版；蔡興、蔡高，兄弟二人同時逃亡。蔡高大概於此後轉業行船，行蹤靡定，而且鮮與教會中西人士通訊。一八一九年，梁發因吃官司下獄，蔡幼弟阿三（即咸和）匿避馬博士臥室中，得免受株連。（以上事蹟據《梁發傳》）如蔡高果係死於前一年，馬博士必直接或間接（尤其弟傳出）知之，且必記錄其事於日記中，蓋以蔡高為其第一次收穫之果實，最為得意與最關心的教徒也。今觀其所遺下之一切公私函件並未言其死事，故云此是有力的「默證」也。然則麥都思牧師謂其死於一八一八年之說，則殆因在其赴粵或著書時，蔡氏已航海多年，當時寥寥幾個教友莫知其蹤跡，（其實麥氏來粵時只從劉秀才一人探知消息）致傳聞其病死。其後，王元深之作亦當時教會以訛傳訛之不實的消息也。至傳說謂其係被天主教徒陷害誣告一節，事無佐證，只可存疑。（按：多年之後，澳門的倫敦會志道堂教友捐資建「蔡高堂」以紀念此第一位中國基督徒。）

第一位中國牧師

梁發，原名恭發（或功發或公發，Kung-fah，俗稱阿發），廣東肇慶府高明縣三洲古勞村人。於一七八九年（乾隆五十三年）生於貧苦的農家，十一歲始入村塾讀書。入學僅四年，即為家庭經濟所迫而赴廣州謀生計，時一八〇四年，年僅十五歲耳。初學製筆，旋改習刻書業。四年學成。在此「學師」期間，自行努力研究文學。其專擅的技藝與通暢的文筆遂成為其後來事業的基礎。一八一〇年，廿一歲，受僱於離洋行（十三行）不遠的一家印刷所。時、馬禮遜博士與繼來之米憐牧師合力翻譯《聖經》陸續完成，先均交此所承印，刻版印刷的工作多出梁手。梁氏由是先後得與馬、米，兩人認識。蔡興蔡高兄弟二人亦一同在此處工作者也。

一八一五年四月，米憐牧師奉馬博士命，由粵轉赴馬六甲開創傳教新基地，且設印刷所於此，大量刻印經書。梁氏即為最先受僱南行的刻印工友。因此常得親炙米氏，聽聞真理，未久即成為熱誠的信徒。一八一六年十一月三日，受洗禮於米牧師，時年卅七歲。（按：蔡高於先二年受洗，梁實為中國第二位受洗者）以後繼續任刻印經書之職務。

一八一九年，梁公始回粵，與黎氏結婚。先在馬六甲時已著有布道小冊：《救世錄撮要略解》，至是以全稿呈馬博士審閱，深得讚許，乃付印以分贈與人。是為中國人所著之第一種基督教書籍。詎料印刷工人以此事向清吏告密，梁氏被捕下獄，書被沒收，木版被毀。縣官援引禁止人民離國出洋之刑律師而罪之。結果：梁受笞刑三十大板，並被差役勒索七十餘員，卒具結以後不再在國內工作，乃得釋放，而辛勞多年積蓄所得之小款已罄矣。經是役後，乃回鄉小住。

一八二〇年春，梁再往馬六甲工作。未幾，以妻在鄉將分娩復回國。是年，長子進德生。其妻受其感化皈命，由梁在家親為其施洗禮。是為中國第一位女基督徒。自是，梁對傳教工作倍感興味，益增熱忱，決再南行從米氏遊以學道。以一八二一年成行。不幸，米牧師於翌年去世，梁乃獨自回粵。是年，攜其幼子進德至澳門，由馬博士之施洗禮。是為第一個受洗禮的中國孩子。同年十二月，馬博士回國。在啟程之前，按手封立梁發為宣教士，即牧師也。梁發自是受命往四處宣揚福音，固已得有正式資格及名義矣。是為中國基督教運動史中之第一位牧師。（按：當時尚未有「牧師」之稱。梁發之《勸世良言》二冊〈論復生之義〉篇中，嘗稱尼哥底母為「道業牧師」，又云：「汝為教人之牧師」。此雖為梁氏創用之名辭，第一次見諸中國基督文學中，但仍未成為專名也。據王元深：《聖道東來考》，先時西教士通稱曰「先生」。至一八六一年，有公孫惠西教士來華，始被稱為「牧師」，以其能施洗禮於人而與普通傳道先生有別也。自是「牧師」之稱日漸流行於教會，以迄今日由西教士而至中國宣教士之曾受正式按立者皆得稱此尊銜矣。）牧師之妻，向稱「師母」，亦殊合俗尚，但粵人則稱之曰「師奶」。此本於「妗奶」，「姑奶」，「姨奶」之俗稱，亦不為不合。然而後來此名稱卻普遍化了，於牧師之妻外，凡教友之妻，甚至教會外不論傖夫俗子之妻也一體稱為「師奶」，則殊無意義且轉覺俗不可耐抑不倫不類矣。（余意惟牧師之妻可保留「師母」之尊稱，餘則稱「太太」或「夫人」可也。余尚有一意見，以為「牧師」係英文Pastor之義譯，雅馴可用，惟只是職位名稱，此外尚可用「尊者」二字以作尊稱之辭，此既符於英文Reverend之義，而且佛教亦有此名稱，大可兼用也。）

一八二六年馬博士由英回粵。是年，清廷重申禁止傳教之嚴令，條文曰：「如有外國人在華地宣傳天主教，或祕密印刷書籍，或聚眾宣傳，蠱惑多人者；又如有滿漢人等受外人指使，宣傳彼等之宗教，或祕密改用洋名（大概指洗禮）迷惑多人，經審判屬實，為首者絞立決。如有宣傳宗教，迷惑多人，不改用洋名者，絞監候，信從洋教而不悔改自新者，充軍土耳其斯坦，（即新疆）給與能以強力令彼等改正之回教徒為奴。」（《梁發傳》譯文）然而梁公不受威脅，繼續努力傳道如故。馬博士極為嘉許。

翌年九月，梁公回鄉，與前所施洗之信徒古氏合設一私塾授徒，旋因不堪外力之壓迫而解散。以鄉閭環境惡劣，乃逃往澳門，在馬德士處研究《聖經》及著作小冊。一八二九年十二月，到廣州，謀以所著各書付梓。計其所撰成者有《真道尋源》，《靈魂篇》，《異端篇》（或前在本鄉所著者），均署名「學善者」，至是皆撥私囊一一印行。旋續印九種，總名曰「勸世良言」。自是又致力於向應考士子派書講道之工作。一八三〇年五月至七月偕另一熱心信徒屈昂遠到高州派書傳道於應考的童生。回粵垣後，連年繼續此項工作。一八三三至三四年，美聖書公會捐款送書，兼聘梁發專任販書者。此兩年間，在秋季（或春間）考試時期，梁與門人均以大量小冊在貢院前贈送與士子。考梁氏著作，半文半白，文筆流利，闢迷信，尊一神，至為有力，惟書中常引馬氏譯本之《聖經》章句，文義晦澀，頗令人難解耳。其後花縣童生洪秀全於一八三六年春間赴省會應試，偶得《勸世良言》共九本（非梁手贈者），因大受影響而設拜上帝會以新的宗教信仰起義，建太平天國，事雖不成而為中國基督教運動初期間接所產生的一種成果，而且目的是要將基督教普施全國，是亦足紀也。（按：《梁發傳》與《勸世良言》現經香港基督教輔僑出版社重印合為一本）（又按：在中國以國家元首而皈命上帝崇信基督者，第一位是太平天國天王洪秀全，次則中華民國國父孫中山先生，又次則為蔣中正總統。）

一八三四年八月一日，馬博士去世。其時，無英教士在粵，只得梁，屈，二人繼續工作，而清吏之禁止傳教益為嚴厲，因而中國教徒慘受壓迫之禍害。這是時局的惡影響。緣中英商務糾紛愈甚，邦交瀕於破裂。是年（一八三四）律勞卑任英國駐華商務監督。抵粵後，不依成例而擅行直接與總督盧坤交涉（按：照例須假手中國商人轉達），官紳人民，一致反對。盧督嚴辭拒之，律勞卑居然陳列兵艦於虎門黃埔，且派兵入城，以示威脅。其尤為荒唐之妄舉則公然張貼華文布告於城廂，指斥華方對待英僑之不公，由是刺激官民憤怒之熱情愈甚，因而煽起排外兼排教之野火。當時，官民誤會那荒唐的布告是出於中國基督徒之手筆，遂被視為「通番賣國」的大罪人了。會是年為鄉試之年。八月下旬秋闈試期中，梁公復偕數助手在貢院前分派小書於應考士子，清吏逮捕數人下之獄，梁倖得免，即被通緝，展轉至澳門，卒得美國公理會教士裨治文牧師救援，送其出險，趁英輪再赴馬六甲。入獄者後皆得救釋放，而信教者四散逃亡，只有屈昂一人為教士與教徒之居間傳信者。翌年，屈昂亦被仇家告發「私通外人」罪而被緝，於是繼赴馬六甲。惟其子屈興則被捕，經馬儒翰（馬博士之子時任英領事館翻譯官）極力營救無效，卒瘐斃獄中。（上據麥都思《中國》頁二八二）其他教徒，萍分星散，逃匿無蹤。（按：律勞卑卒以交涉失敗，未幾病死澳門，而在粵英商則上書英政府主張開戰以解決問題，其後卒釀成一八四〇年「鴉片之戰」。）

直至一八三九年杪，梁公乃回廣州，以後在粵港南地努力傳教。及中英戰局平定，海禁大開，各國傳教會紛紛派遣教士或醫生東來，各種宗教事業得以自由發展。梁乃常到廣州各醫院（仁濟，惠愛）或福音堂宣教，至去世時始息其勞工。病歿之日為一八五五年（咸豐五年）四月十二日。春秋六十有七歲。元配黎氏先逝。繼室大歸。遺孀為第三妻室。子進德，任英政界翻譯員，後入海關任事。女名阿沾，未詳。遺骸葬河南（前嶺南大學校地內）。遺著共七種，以《勸世良言》九卷為最著。張祝齡牧師稱梁公可為基督模範者有七點：（一）篤信順命，（二）忠心至死，（三）勇敢犧牲，（四）勤勞無間，（五）堅忍受難，（六）精研真道，（七）著述傳世。有此聖德偉功，其不朽矣乎！

附言：第二位中國牧師是何福堂，（又名進善）先在馬六甲英華書院肄業受洗，後歸國傳道。一八四五年（或一八四六）在香港受按立為牧師，即何啟之父也。今香港中華基督教會在新界設置「何福堂會所」以為宣教士修養之用，即所以紀念之者也。

第一所基督教醫院

當馬禮遜博士初來廣州時，廣州所有的西醫生只是東印度公司自己所雇用而由英國前來者，間或為華人診病，但不是普遍施醫，有時則為華人種痘。馬博士憫華人患病者缺乏科學的醫藥，乃設一小診療所於廣州，以一華人司其事。此可能稱為基督教醫藥事業之開端，但究非正式的及有相當規模的醫院也。

至一八三四年，美部會（公理宗）派遣伯駕醫生（Dr. Peter Parker of the American Board of Commissioners for Foreign Missions）來粵行醫兼傳道。是為第一位來華的傳教醫生。

（Missionary doctor）他畢業醫科，兼曾受神學訓練，熱誠工作，準備以全部時間為華人服務。抵粵未久，即轉赴星加坡一年，學習華語。一八三五年回廣州，在新荳欄開設仁濟醫院（見《聖道東來考》）初時專治眼科，蓋以華人多患眼疾而絕無科學的醫藥為治也。

是年十一月四日，仁濟醫院舉行開幕禮，是為第一所基督教醫院。當時，全城尚未有禮拜堂或福音堂。每逢星期日，伯駕醫生即在院內舉行禮拜儀式，梁發常到此講道。此外又用多種方法，如宣教圖書等，向病人傳道，甚著成效。一年之後，以濟人成績超著，洋行買辦伍紹榮（Howqua）捐贈房屋一所以作院址焉。此第一所基督教醫院，亦堪稱為西洋醫藥學術輸入東方之鼻祖。以後百年，南北基督教會皆以醫藥工作為重要的傳教事業，其造福於我同胞誠非淺鮮，且有助於基督教之傳教亦至有力，蓋其表現上帝基督之大愛至為實際亦至為顯著也。

一八四八年四月，馬禮遜博士之長婿合信醫生（Dr. Hobson）又與梁發在沙基金利埠開設惠愛醫兼設福音堂於其中。每年到院診治者二萬五千人。翌年，由北美長老會之哈巴醫生主持之。至一八五四年，擴充新院。

至一八八六年，北美工老會又派嘉約翰醫生（Dr. John G. Kerr）到粵垣，在增沙開設博濟醫局，（後改名醫院）統治全科，後遷仁濟大街，兼開辦醫科。國父孫中山先生投入第一班習醫一年，（後轉入香港西醫書院）即於此時開始醞釀國民革命，故稱為「革命運動策源地」。後與嶺南大學合併，為醫學院。

第一所禮拜堂

一八四五年七月，有熱誠傳教的英人名紀里士比者（Gillespie），與梁發在廣州河南新沙租屋同居，並開設福音堂於家中以為傳道禮拜的處所。（《梁發傳》附錄二）但不過是簡陋的臨時性的。數月後，因在香港的理雅各博士（亦倫敦傳教會所派遣者，負責傳道兼主任已由馬六甲遷來的英華書院）患病回國，紀氏不得不到港代其主持教務。梁發在粵彼新沙居民誤會為通敵（按：是時當中英戰後人民排外熱情未息），糾眾搗毀其所居，兼搶劫什物。梁發乃自行出資在舊居附近（大概在龍導尾）另建新屋，開設比較永久性的禮拜堂。一八四六年十月十八日，星期日，正式成立，舉行首次禮拜。是為中國第一所正式的，永久性基督教禮拜堂。梁發自為牧師，主理禮拜及堂務。大堂僅容百人。堂內陳設及壁上所懸聯匾均由新沙舊居搬過來。守聖餐的教友只得八人。統計：梁氏在一八四七年間，共向一百三十人講道，分送聖經六十八份，小冊二百十八本，曾為四個婦人及孩子施洗禮。是年紀氏由港回廣州，與紀里蘭牧師（Cleland）為兩人施洗禮。

至一八四九年廣州共有禮拜堂四所，平均每星期到各堂聽道者共約五百人。

第一所基督教學校

上文已說過，梁發牧師早於一八二六年在鄉間與古氏合設一私塾，旋因受壓迫而解散。一八三〇年二月，裨治文牧師（E. C. Bridge man）奉美部會派遣來粵傳教。他與馬禮遜博士共事，志同道合，亦注重文字工作，未幾，開設一小學塾以教中國兒童。這兩所學塾雖是很早開設的基督教教育機關，但規模甚小，究非正式學校性質也。

至一八四四年哈巴博士（Dr. And ew P. Happer, M. D.）來華，是為北美長老會所派遣到中國的第一位教士。他因環境關係不能在廣州工作，暫駐澳門。翌年，（一八四五）即在澳開辦較有規模的學校一所。（名未詳）。至一八四七年，哈巴博士與花連治牧師（John B. Freneh）將此校遷至粵垣故衣街，有學生卅人。旋遭附近居民這嫉視，轉遷至外人居留地，在丹麥行內租賃房屋為臨時校舍。一八四八年，另在靖海門附近江邊（今長堤）租得一大屋，兼辦宿舍。不數月，颶風毀壞校舍之一部，隨而修葺舊舍，擴充規模。五月，兼開設福音堂於此。又於寄宿學校之外，增設走讀學校。這合稱為中國第一所基督教學校。（按：嘗見中國教會史籍有以河北省北通州之潞河書院為第一所基督教學校者。考該校創辦於一八七〇年，實後於哈巴博士在粵所設者二十二年。）

哈巴夫人對於教育事業亦非常熱心，於一八五二年在粵自行創設一女子寄宿學校。是為中國的第一所基督教女子學校。（名亦未詳）

至於在中國之十三所基督教大學，多係由早已設立之書院或中學或學院數間合併而成，歷史複雜，創始年期很難斷定。上海的聖約翰大學係於一八七七年由美國聖公會主教施約瑟（Bishop Joseph Schereschewsky）所創辦者。如非第一所基督教大學，亦必是最早創辦之一。廣州的嶺南大學係於一八八四年由校祖哈巴博士發動，至一八八八年始開校，原名格致書院。一九〇四年改名嶺南學堂。一九一七年定名嶺南大學。

第一位內地傳教士

最初期的傳教士遠來中國從事開山事業者，或為牧師，或為醫生，皆是在大都市工作。如倫敦傳教會之馬禮遜博士，米憐牧師，合信醫生等之在廣州，及麥都思牧師，雒魏林醫生之在上海。又如美部會（公理宗）之裨治文牧師，衛三畏先生（S. W. Wiliams），伯駕醫生及北美長老會之哈巴醫生之在廣州。又如美聖公會文惠康會督（W. Boone以一八四〇年來華）之在上海（一八四四開始布道）皆是也。至於身入內地傳教之第一人，及極力推動，組織，與主持內地傳道工作者，實為郭士立牧師（K. F. A. Gutzlaff, 1803-1851）。

郭士立牧師是德國之普魯士邦人，富家子也。早於一八二七年（道光七年）即受荷蘭傳教會所派遣，自費來華傳道。先至南洋荷屬之葛羅巴島。於此學華文，習閩語。至一八二九年，乃附商船到中國（後於馬禮遜博士二十二年）。他先到天津，繼至福州，後乃來粵。他是典型的獨立的傳教士，合稱為中國內地傳教事業的開山祖。（按：英國的戴德生醫生Dr. Hudson Tayor於一八五三年始來華在寧波工作，後回國。至一八六五年發起組織「內地傳教會」China Inland Mission。同年派遣三人來華。翌年，續派廿二人。是時全國南北傳教士僅九十一人。此據恭思道：《基督教在中國之概況》頁六〇，六一）

郭氏在一八三一，三二，三三，三年之間，北上共三次，在各處派書傳道，（由馬禮遜供給書籍）同時兼醫治皮膚及眼疾。這幾次旅行傳道的報告，大為引起英美人士對傳教事業的興味。其後，在一八三五年，麥都思與施迪芬（Edwin Stevens）兩牧師也步其後塵，乘船北上傳道派書，遠至山東，經滬，浙，閩諸地而回粵。（見Chinese Rerository, Nov., 1837, Vol. IV, No.4施氏自著《北遊記》）

郭牧師到中國後，因其時海禁未開不能入粵，乃先居澳門，學粵語，譯《聖經》，（修訂「馬氏譯本」，後稱「郭氏譯本」）。一八三四年，中英交涉糾紛愈甚。其時英國官員因言語不通，物色舌人不易，亟專聘郭氏為祕書及翻譯官。郭氏乃遷居香港為英政府效力，勞績甚著。事平之後，在其去世之前，香港政府將中環一條街道命名Gutzlaff. Street用彰殊功。（按：這條街今仍在皇后大道中之南邊，中文名為「吉士立街」即粵語之音譯。俗稱為「紅毛嬌」，意義未明。或謂即「德忌笠街」者，非是。）

郭牧師於日間為英人服務，同時展開傳教工作，至為努力，於一早一晚廣招華人來學基督教道。其始，僅得十人，日久愈來愈多，皆自備費用的。他素抱積極的與急進的傳教政策，來學者經其短期訓練之後，凡稍明曉基督教理者，即分遣其入內地播道，派送聖經，以為將來大舉傳教之先鋒。所遣之人雖良莠，（間有只為私利而去者）所成之功未盡滿意，而這種開闢新路線的開山事業，殊為重要，因之對中國基督教運動之發展，貢獻甚大，尤其是以後在客家人區域中傳教事業之展拓。平心而論，郭士立牧師之開山功業不在馬禮遜博士之下。

一八四一年，郭氏以門下信教傳教之人愈多，乃組織「福漢會」（The Chinese Union），以利進行。顧名思議，其宗旨蓋「意欲漢人信道得福」也。（按：據外國紀錄，此會於一八四四年始成立。王元深：《聖道東來考》紀其事而未言何年創設。上據麥梅生：《基督教在廣東》）會員四出，深入內地傳道派書。英國聖書公會曾捐款一千〇八十五鎊以發展此會之工作。至一八四六年，會員有三百人，其中五十名是傳道者。

先是，在一八三八年間，有美國南部浸信會牧師羅孝全者（I. J. Roberts）因前受郭士立旅行報告之感動而來華傳教，亦格於時勢而不能入粵。於是先在香港為郭氏之助手。至一八四四年乃離去而到廣州開設浸信會。其後，太平天國革命運動倡導者洪秀全於一八四七年曾到其禮拜堂學道，由是而間接感受郭士立牧師工作成績之影響，蓋郭氏與麥都思合作從事修正馬氏之《聖經》譯本（即「麥郭譯本」）早於一八三八年印行，而洪氏由羅孝全處得而讀之也。（按：浸信會最先來華者為叔未士牧師，惟羅牧師則先入粵）

郭牧師對於譯經工作勞績亦甚著。上言一八三八年之「麥郭譯本」印行後，於一八四七年又有「郭氏譯本」出現，是為重新修訂前譯本而成者。其後，又有盧牧師（Wm. Lobschild）之「修訂郭氏譯本」於一八五五年（即郭牧師死後四年）印行。於譯經之外，郭氏尚著有闡道小冊多種。統計：至一八五〇年，在中國工作之西教士一百四十八人中曾編著小冊問世者有卅九人。題目共有二百六十六種（翻印舊本者不計），而以郭氏個人出品為最多—共五十四種（麥都思四十種）。則郭士立牧師對於基督教文學之貢獻亦可云大矣。（據E. P. Boardman: *Christian Influence Upon the Ideology of the Taiping Rebellion*, p.45，原引用Alexander Wylie: *Memorials of Protestant Missionaries to the Chinese*.）

郭牧師因翻譯事繁，而學道者日眾，若感時間與精神不足應付，乃籲請德國「巴色」，「禮賢」兩教會亟多派人員來助。於是巴色會（後改名「崇真」）遣韓山明（Theodore Hamherg，或稱「韓山文」，即後來根據洪仁玕述辭而撰《太平天國起義記》者）黎力基二人，禮賢會（又名「巴勉」）則遣柯士德，葉納清二人。此四位教士於一八四七年同船東來香港。是時各教士皆改穿華服，人人皆具有犧牲耐勞，勇敢，熱誠，種種崇高精神，努力為內地傳教之先鋒，洵可欽佩也。

是年十一月，郭牧師即分遣中西傳道者，進入內地工作。葉納清偕王元深（王寵惠博士之祖父王子傳醫生之曾祖）李清標往東莞縣，虎門，鎮口，以施醫開路。該處地方官不之禁，故能展開工作。數月後，葉回港，（一八四八年）旋而偕黎力基再至鎮上立館（即小規模的福音堂，或傳道所），王元深佐之。是為中國內地第一個基督教傳教機構。未幾遷往寶安縣西鄉，復立校傳道，翌年，另由新來之西教士羅存德到此主持其事。

郭牧師又遣何士德偕華信徒蔡福往新會縣，江門，奈為地方官所逐，遂回香港。柯士德旋病死。

郭牧師又遣韓山明偕徐道生到寶安各鄉向客籍人傳教。此為對客籍人開展傳教工作之始。其後，在一八五二年，有韋永福西教士傳道兼辦學於布吉。凌啟蓮（即凌道揚博士之祖），張彩廷（即張聲和牧師之父，張祝齡牧師之祖）等，皆由此肄業出身者。

此外，郭牧師再遣黎力基偕潮州人亞愛遠赴汕頭，工作五年始回香港。

時，郭牧師在香港手施洗禮者逾百人。（據王元深云百餘人，與上報告幅漢會員三百人異，待考）其奉派出外工作者多人，良莠不齊，流品複雜，間有作弊自私違犯教規者。郭氏因急功故，大開門戶，兼收並蓄，只期教徒肯出發工作，不暇一一審查，細事監察。未幾，葉，黎，韓，三教士洞知其流弊，亟欲改進，惟與郭氏意見不合，因而不能再事合作，只有各返本教會工作而已。一八四九年，郭牧師回國小休，遍遊歐洲各國。一八五一年（咸豐元年）重來。是年疾歿於香港。福漢會會務初由小巴陵傳道會之那文教士接辦。顧那文因傾全力主理女嬰堂事無暇兼顧，而會員則多在巴陵，禮賢，兩教會屬下擔任工作，故此會自後於無形中解散矣。自茲以往，此兩教會之中西教士集中人才與力量銳向粵桂兩省客人伸展工作，收穫甚豐，福音基地遍布客屬十六縣。然溯本追源，人當不能忘卻郭士立牧師之開山不朽功也。（以上事蹟參合王元深：《聖道東來考》，劉粵聲編：《香港基督教會史》及其他）

第一位中國殉道者

這是一個頗難解決的問題——要斷定誰是中國基督教第一位殉道者。上文已述出在一八三五年間屈昂之子興被捕而死於獄中，但其罪名是勾通外人。據〈蔡先生年譜〉，蔡高於一八四六年也是被捕而死於獄中，而其罪名則是別教匪徒假託天主教之名照作奸犯科定罪的。（按：《梁發傳》言屈興終被釋放。又麥都思與王元深均言蔡高早於一八一八年病死。兩說今姑置不論。）王元深之《聖道東來考》又載一八五五年（咸豐五年）禮賢會之羅存德牧師自福永教會遣陳長興（寶安人，元深次子謙和牧師之岳丈）莊滿和二人，往廣西派書傳道，至梧州被捕，搜出宗教書籍。地方官責其挾帶番書惑民，二人直證聖道不諱，旋被解至廣州。時總督葉名琛素惡洋人，下之南海縣獄。羅牧師奔走營救無效，二人卒亦瘐斃獄中。王元深稱兩人是最先為道而死者。以上四人雖因信教關係而被捕，但大致係因國際政治糾紛而被牽連，其罪均係違犯清朝法律的刑事犯，況且無有例外的死於獄中，而未有紀錄證明各人係直接受毒刑被害而死的。（王氏所紀陳、莊、兩人更後於屈、蔡）職是之故，我以為中國基督教運動中第一位殉道者的榮譽，應歸之另一位先烈——其人因篤信聖教，熱誠傳道之故，為人捕捉，備受酷刑，被迫背教，而卒因固守信仰，始終認主，乃被人當場直接害死的。

這一位忠貞壯烈的殉道者是誰？即廣東博羅車公錦江是也。記載其忠烈偉蹟的有一西一中兩本舊書。茲照原文分別譯之錄之於後。

據韓氏：《倫敦傳教會的事》（C. S. Horne: *The Story-of the L. M.S.*, 1894, Chap, 11, pp. 325f）英文紀錄如下：

「本會（倫敦會）有一教友是中國第一位的基督教殉道者。他姓車（名錦江）。他家居博羅縣，距香港對面之海岸約一百英里。前時，他遇見一個販賣聖經者，受其感化，因而皈依基督教。一八五六年（咸豐六年）他來香港，與理雅各博士談道，（Dr. James Legge倫敦會教士兼英華書院院長）隨被接受為本會教友，乃回博羅本鄉。翌年，他再來香港，帶引一信徒至。一八五八年，又帶信徒二人來。一八五九年，再引二人來。一八六〇年，竟帶引信徒九人來此。是次，他敘述曾與一陳姓老教友，如何合力毀壞了鄉間幾個偶像，而無人干涉之事。同年（一八六〇），湛約翰先生（即Rev. John Chalmers或稱湛孖士）前往探視其鄉。在某地，他已幹下偉大的自由傳道工作了。經細心考察與教導之後，湛牧師乃為信徒四十四人施洗禮（以前歷年赴港加入教會者不在此數）。翌年，（一八六一）一月，又有十六人被接入教會。至是連前合計，此鄉共有信徒八十五名了。（按：此是原文，應作七十五名）本年五月間，理雅各博士與湛約翰先生兩人同往博羅及其附近村落巡視，所予人之印象極佳，至有四十餘信徒被接入教會。同年，一八六一（咸豐十一年）十月，理雅各博士忽得消息，謂該處信徒遭大危難，因本地民情憤激，怒恨外人及洋教洋俗。理博士當即覓得一扈從者護送其前去博羅。至則得地方官保證安全無事，乃不得不認為滿意而回。此次排外鬧教風潮，似是由總督煽動鄉人採取激烈行動，並懸賞購取凡助外人傳教入華者首級。十月十三日，即理博士回港後數天，車氏忽被一群暴徒捉去。先到鄰近一村中，手足被綑綁而懸吊在樑上，通宵不解下。經過兩天之酷刑與侮辱，眾人見其仍堅守信仰，乃將其提解到江邊，一再要求其反教。他堅信不屈，絕不肯悖主，於是即遭害死，遺骸且被棄於江流。此一八六一年十月十五日事也。眾暴徒又揚言要焚燒各基督徒所居之村。各兄弟於是四散逃避，紛紛亡命到廣州，或香港，或內地各處。時間過去，鬧教風潮漸漸平息，而許多教徒亦陸續回鄉。至一八六三年，竟有福音堂兩所屹立於博羅城外之鄉村間，其建築皆由本地信徒所樂捐者，是故中國第一位殉道者車公，已休息其勞工，而其工作隨之繼起邁進。」

又據王元深：《聖道東來考》（頁八、九、一八九九年出版）載：「理雅各博士（原文作「李」）又遣博羅人車錦江往羅城傳道。其人熱衷播道，遭毀受辱不少。信道領洗者漸眾。紳士忌之，欲謀害錦江。至同治初年（按：實是咸豐十一年，一八六一年），羅城紳士，唆眾竄逐教民，賄囑匪徒，謀殺錦江。某夜二更時，匪徒破門，擄錦江去，沿街呼救，無一應者，曳至河邊，殺車斃命。（按：據張祝齡牧師謂傳說其屍體且被支解）埋滅其屍，無蹤可尋。理雅各聞之，即稟官查辦。紳士賄賂官差玩延，冤竟莫雪。未幾，倡首殺害錦江者，犯劫案，被拏梟首。其劣紳主謀者，無何吐血而亡。可見上帝伸其冤也。後、上憲諭邑主催紳士到案，因而畏縮，不敢加害教民。由此風潮漸息，傳道頗有良機。」

由上觀之，車公錦江，信道之篤，守道之貞，與其遭遇之慘，死事之烈，真是中國基督教運動之光榮，大足以鼓舞後人者。語曰：「殉道者之血正是教會的種子」，信然。

教士教徒捱受迫害事實彙錄

在編纂這篇〈中國基督教運動開山時期〉的小史中，其間最感動我的心靈之事蹟，就是；初期的中西教士教徒為著篤信基督，恪守真道，努力傳教之大原因，竟至到處捱受官吏與愚民這窘逐迫害，然而各能本其忠貞勇毅的精神，前仆後繼，百折不撓，遂使基督教運動在中國建立鞏固的基礎，歷時僅逾百年；而發展之速，收穫之豐，實為世界基督教史中之優異的紀錄。其人其事，可歌可泣，可欽可傳。此凡基督教史家所不能不大書特書者也。

早於馬禮遜博士在世時，因信基督而受迫害者已數見不鮮。故其於一八二六年間寫出讚許梁發信仰之堅固與工作之熱情有云：「在此充滿偶像及拜偶者之國土中，上至王公，下至鄉愚，皆反對及窘迫基督之門徒」（見《梁發傳》）。這幾句說話已道盡開山時期數十年間各教士教徒，尤其在內地工作者——之艱危的遭遇了。在最初期間，梁發及其徒輩吳清、周生、梁新等，屈昂屈興父子及蔡興、蔡高、蔡三兄弟等，各已飽受迫害之苦，以至逃者逃，死者死（屈興、蔡高）。稍後則有陳長興、莊滿和二人之瘐斃南海獄中，更有車錦江之為道殉身於博羅。以上諸公之忠烈事蹟，已一一詳載於上文各節矣。此外，教士教徒之在各地捱受窘逐迫害者尚有多人。茲就手頭所得史料，各按年期，彙錄如下，以存信史，以表忠貞，並以勵來者。

考基督教傳入中國，其所以遭人反對與迫害之原因，固尤其基本教義之拜一神，宗基督，重道德，遂與異教（儒、釋、道）邪教及時俗立於敵對地位。（按：在道德倫理上，基督教原與儒家並不背馳，但與其拜多神及祀祖先之習尚不相容。而其嚴格的道德主義又反對社會上種種弊俗，如納妾、吸菸、賭博、宿娼等。）但大體上亦深受時局國際關係的影響。緣中英兩國原未成立正式的外交關係，而國際間在事實上則早已通商。英國輸入中國者向以鴉片為至大宗。國際間既無條約可遵，清廷對於外商又嚴格取締，在此形勢之下，自不免發生種種糾紛。乾隆、嘉慶間，英廷曾兩度遣使來華，以謀解決困難及改善關係，並附有自由傳教之請求，奈皆因覲見時拜跪禮節之爭執，失意而回。至道光初年，清廷以鴉片流毒日深，國家漏卮日甚，乃決行禁菸政策。而在英國則以鴉片收入實為英印的經濟命脈所繫，務必維持此自由貿易，準備不惜以武力解決，由是外交形勢日趨惡劣。道光十四年（一八三四）因英商務監督律勞卑之強硬的及荒謬的舉動，愈激起官紳人民之憤怒，而對於英國傳來之基督教惡感亦愈甚。是年，梁發等因派送宗教書籍而受迫害。翌年，裨治文牧師致馬儒翰（馬禮遜博士之子）函解釋其事之真因云：「吾人深知此等書籍在中國人之眼光看來，直為外國書而非播傳基督真理之書。故此次迫害之起，與其說是由於宗教之原因，毋寧說是由於政治之原因。如果當時中國政府未與英政府發生衝突，則我儕相信此種書籍之分送一定無人干涉阻撓。此事在八月二十五日呈報知府後幾已平息，後來因為三十日晨律勞卑貼出用華文所寫成之布告，（原註：內列述中國政府待遇英僑之不公）遂致舊案重翻。……自從律勞卑之布告貼出之後，立即引起中國人一片反對賣國賊之聲。當時就有人將此事報告南海縣知縣及廣州府知府。三十一日官府即派巡卒至梁發寓所搜查，並於翌日發表下列之告示：

南海縣正堂黃，為特別嚴禁事；照得刊印誨淫及有害心術之書籍，久干厲禁，但查近有不逞之徒，竟膽敢刊印誨淫書籍及有害心術之外國異端書籍，詐稱勸世文（按：梁發書名《勸世良言》），以派送與人，實屬目無王法。除飭巡卒嚴密查拿，如有犯此者，一經審訊屬實，定必嚴為究辦，所有木板概予搜毀外，合行出示嚴禁，仰生員人等一體知悉，爾等如藏有違禁之不良書籍，可立刻將板燒燬。如有但敢故違功令，印行及散播此等書籍，定必嚴拿究辦，決不姑寬，其各凜遵，毋貽後悔。特示。道光十四年月日（一八三四、八、三十）。（見《梁發傳》回譯文）

宗教與政治發生最不幸的連帶關係，是故以後基督教教士與教徒之常受迫害，多造因於此，可謂「殃及池魚」了。

至道光十八年（一八三八）林則徐督粵，更有火焚存菸，嚴厲執行菸禁之舉。雖曾一度敦請裨治文牧師（美國人）由澳門到會城諮詢，兼聘梁發子進德任翻譯事以期疏通中外，然皆不能改變中英兩國之互相衝突的政策。一八三九年，清廷又新訂禁菸新律三十九條。冬間英國貿易完全停止。一八四〇年，所謂「鴉片戰爭」發生。翌年英軍陷虎門，攻廣州。三元里義民憤起參戰，攻殺英軍二百餘人。英軍轉向閩浙直迫南京。清廷在屢敗之後，迫為

「城下之盟」，於一八四二年議和，乃有《南京條約》（所謂「不平等條約」）之簽訂，其中條件有關開放五口岸，割讓香港，及外人得在通商口岸設教堂醫院等。翌年，十一月七日耆英來粵，督辦通商事，補訂《虎門條約》，實行開放廣州等五港。自是外人雖仍不得入城居住，但自有居留地（如廣州的沙面）而基督教教士卻得自由傳教之官式的許可矣。是時，梁進德受任廣州西人洋行之翻譯員，常有機會晤見耆英，為其解釋時局及傳教問題，頗有影響於其對外人及基督教之態度。故耆英曾上奏云：「昨年，臣受命往兩廣與外人議和，順便調查若輩所奉之宗教，經小心查察之後，知彼等所持以教人者確並無不善之處。臣覺有將此事稟奏皇上之必要，乞以後勿再窘迫及阻止此種宗教，以懷柔遠人，」云云（見《梁發傳》）。自是清廷正式容許傳教及信教自由。（按：〈蔡先生年譜〉載：「道光二十五年，西曆一八四五年。是歲，法商赴粵詣總督衙門，呈稱天主教勸人為善，並非邪教，請弛漢人習教之禁。總督耆英據以奏聞。奉旨交部，議准海口設立教堂，華人進教者聽之。」此次入奏未能確定與上文所錄是否同一事，但天主教人士之申請當為事實，故附錄於此。）

自戰敗議和之後，清廷清吏雖對基督教改取寬容態度，然而民族主義素來強盛的粵人一方面不大滿於清廷之屈服，同時繼續其仇英排教之舉動。一八四三年（《南京條約》簽訂後一年），粵民激起排外風潮，焚燒洋行，拒絕外人入城。以後多年各處仍有鬧教之舉，教士教徒慘受窘逐迫害，此亦肇因於國際政治關係者為多。此凡研究中國基督教歷史者所當清楚認識之背景也。

一八四五年（道光二十五年）梁發在廣州河南所租居之房屋，因附近居民疑其受英人雇用為漢奸而助其滅亡中國，初則加以「賣國賊」之惡名，繼則公然糾眾搗毀其屋宇，盡劫其什物，更威嚇房東不許再租與內奸居住。（見《梁發傳》）

一八四七年，浸信會在粵傳教之第一位牧師羅孝全，買地於廣州東石角建立禮拜堂。翌年被人騷擾，將堂內品物劫掠一空。

同年，郭士立自香港遣華教徒蔡福偕教士柯士德往新會江門傳道，為地方官驅逐回港。

同年，禮賢會西教士羅存德選黃道安、王元深、戴義，三人同往新安大鵬城傳道，為城守所阻，且鳴鑼驅逐。（以上見《聖道東來考》）

同年，麥都思牧師至上海附近之黃浦，因與居民發生口角起畔而被毆打，所乘之船亦被毀壞。蓋由土人排外之故。（見外籍）

至一八四九年（道光二十九年）中英邦交又漸成惡劣化。是時，兩廣總督徐廣縉與巡撫葉名琛二人對外人均懷惡感，與英更定條約，嚴禁外人入城。清廷嘉其功，分別封以子、男爵。由是國際糾紛又起。一八五一年（咸豐元年）徐調往湖廣與太平軍作戰，葉坐升總督，時局愈壞。緣葉頑硬而自傲自大，且顢頇無知（不識國際形勢不懂外交方法），排外排教比前尤甚。於是全省排外排教風潮又被煽動發生。

一八五三年（咸豐三年）小巴陵會西教士那文牧師，在香港特僱一舟，沿西南海岸一帶傳教。至瓊州海口登岸講道，為地方官所阻，乃折回。

一八五五年小巴陵會之韓士伯西教士親入內地傳道及教《聖經》，常遭賊劫，備嘗艱苦。一次在東莞湴田鄉復遇劫，身受重傷幾至斃命，卒雇人舁往荷坳教堂醫治，癒後，復往四鄉工作。

同年，羅存德教士在福永遣教徒陳長興、莊滿和至梧州傳教，被解回粵。葉名琛素恨洋人，惡洋教，下之獄，並不准英領事之保釋。二人卒瘐斃南海縣獄中。

一八五六年（咸豐六年）中英關係愈為惡化。英人恨葉名琛刺骨，以多方交涉無效，卒再用兵。一八五七年十二月，英法聯軍陷廣州，虜葉去。由是占據羊城三年乃退。

當一八五六年中英事變時，旅粵教士如合信醫生等逃避香港。時有製麵包者，憤英人之無狀，暗置毒藥於英人所購麵包中。結果英教士理雅各、合信、湛約翰及家人均中毒甚深，倖均得救，不至於死，然皆因國際政治關係而受此影響，可謂無辜也已。（以上見《聖道東來考》）（按：是次大毒殺案發生於一八五七年一月十五日，中毒者約四百人，據說係由清吏買兇施行，目標在全港的英人，基督教教士之受毒是被波及。開麵包店的東家阿林適於是日舉家赴澳門，故受最大之嫌疑。不過他一到澳門即被逮捕回港受審。因其幼子及家人在赴澳途間船上亦同樣中毒，而林某當時即欲斥重金請船主駛回香港。故英人陪審員一致公決阿林及其店員無罪，大約係其在逃之兩店員所為也。又是次奸媒因下毒藥過多，食麵包者迅即吐出，故鮮有即時斃命者，亦云幸矣。以上見香港英文《虎報》一九五五年、八、二三。）

在一八五七年之後，西教士楊格非（Grit fith John）、艾約瑟（Joseph Edkins）、慕維廉（Wm. Muir hend）三人，衣華服，垂假辯，在各處作旅行傳道工作。至福州，曾遇土人鬧教風潮。楊氏以假辮笠在頭上，辮子被執，輕易逃脫，惟慕氏之假辮則緊繫於頭髮，不易脫去，掙扎欲逃時，牽髮痛甚。忽有一人，從棺材店中走出，以木棍猛擊其頭部。後被舁至官處，與楊氏證明身分並非間諜，始得被送回上海，此亦因外交糾紛受累者也。其後，楊氏在湖北孝感又被鄉人痛毆受傷。

一八五九年，福州有兩基督徒被斬於市，徒因其在街上傳道之故。閩南他處如廈門、惠安、漳州，尚有迫害教士教徒之舉。此皆由國際政治之惡影響所致。（經上兩段見Horne: *The Story of the L. M. S.*）

一八五九年，粵官方議禁糧食運港，出示不許華人與洋人交通；凡受傭於洋人者限一月內回籍，違者罪及三族。又出賞格取得洋人一首級者賞銀五十大元，捉獲一漢奸者賞銀三十大元。至是西教士及華信徒皆有生命的危險。居港之華人紛紛回籍，而內地之教士亦漸遷港。以後多年內地教士教徒之受迫害皆繼受此惡影響。

是時羅存德教士由荷坳逃往布吉巴色會教堂，將與韋永福教士同出香港。夜間，土人數十圍教堂，欲取洋人首級領賞。羅從屋頂逃鄰屋跳下。土人追之，急躍入河中，匿河旁林下。土人遍搜不獲乃退去。其僕尋得之，乘夜送之到西鄉教堂。次日與其他教士工人同赴港。惟韋教士被捉去，勒索銀二百餘元。韋許之，方得免一死。在港教士請得英官派兵七十餘名前往護之赴港。有中國教徒隨之出險。

禮賢會王元深在寶安福永教堂傳道。有勇丁來，王不去。一日，有勇丁數十人闖入，執之去，盡搶掠堂內各物。王於途中備受譏侮。至沙井，得一漁人裝束之少年導之出險。

西鄉教堂各物亦被勇丁搶掠一空。

一八六一年，王元深到石龍賃屋傳道，無人肯出賃。後得一空舖，係冰糖行這產業，初亦不肯出租。幸該行有陳姓者曾在羊城惠受醫館就醫，目疾得癒，且曾聞基督教道，知傳教施醫皆有益之舉，乃力勸行友，始租成。旋而葉納清教士與嘉約翰醫生亦來傳道施醫，土人反對，幾釀成鬧教之事。幸冰糖行在彼處頗有勢力，卒壓服之。兩教士終不敢久留，兩宿即去羊城。

一八六六年，何必列牧師偕王創往歸善淡水墟傳道，被土人窘逐，焚其館所，倖得逃脫。後稟地方官賠償。

一八六八年，西教士公孫惠牧師申基穩，陳保和，往連州八排，深入傜人洞中傳道。傜人疑洋人來探地取寶，欲殺之。幸得一教書先生知其奸媒，催牧師連夜下山出排，到連山縣

城乃得免害。（以上統見《聖道東來考》）

溯自基督教傳入中國之後，因與人民俗尚相反太甚，自始即有種種厚誣教會教士教徒的謠言傳播於民間以中傷之。例如：遠在一八二七年（道光七年）梁發致倫敦傳教會函，即有如下之報告：「近被西洋天主教有些穢黷（瀆）之謠言，已經拒絕人心之路。說道：凡有入耶穌天主教之人，其妻任從巴地里（即神父）寵幸與之同宿，死了之人亦要抉去眼睛才給埋葬。又說：耶穌天主之教每人每月有糧銀數元發給。是以中國之人因被天主之教敗壞福音之真，縱有良善之人欲想敬信之者，聽此怪誕之謠言，則不敢敬信之，故此福音真道卻被天主教之名聲塞斷其路，以致傳福音之道有如此多般阻礙人心，故難得多人敬信之矣」（見《梁發傳》）。其後又有他種謠言相傳於人口，既足以阻礙社會人士之信教，復足以煽動鄉愚迫害教士教徒，至堪慨嘆也。

一八七〇年（同治九年）粵東排教謠言紛起，誣洋教士名為傳教，實以丸藥迷亂婦女，肆行姦淫。東莞城歹民，遂乘機鬧教。適王元深挈著在此工作。某星期日禮拜時，歹徒數十擁進，執王鞭之，幸為人救脫。次日奔石龍。教堂被拆毀，諸物被搶。王全著亦得友人救出。

王元深與能約翰牧師再到東莞工作。一八七一年，教案又起。是時，粵人謠傳教堂暗放毒藥名「神仙粉」者於食物，令人食之，則漸生蠱斃命。人人聞而憤恨。各處鄉村不許外人入村。凡有陌生旅客過路，必執而搜查，輒誣其來放「神仙粉」，盡刦其所有，且痛毆而驅逐之，甚或有害其一命者。此謠言達播至福州府，致令該處教士教徒多被迫害。有一華人牧師被執，且被投入深坑，雖受傷，倖得生存。或謂此種誣教之謠言，原起自北方天津一帶土人故與天主教為難者，輾轉南傳以至粵閩，而基督教乃被波及云。（以上根據王元深：《聖道東來考》）按：王氏上段結論謂此等謠言起自天津是不錯的。緣是時天津人民傳說天主教士迷拐幼童挖眼剖心以為製藥之用，因而釀成同治九年（一八七〇年）天津大教案，焚燒天主堂及英美人講書堂並殺死法副領事教士貞女等一共多人。後經直隸總督曾國藩查明奏報云：「並無被拐情帶至挖眼睛剖心則全係謠傳，毫無實據。臣國藩初入津郡，……親加推問，挖眼剖心有何實據，無一能指實者，詢之天津城內外亦無一遺失幼孩之家控告有案者。惟此等謠傳，不特天津有之，即昔年之湖南、江西，近年之揚州、天門，及本省之大名、廣平，皆有檄文揭帖，或稱教堂誘污婦女。厥後各處案雖議結，總未將檄文揭帖之虛實辯明白。此次挖眼剖心一條竟無確據。外間紛紛言有眼盈罈，亦無其事。蓋殺孩壞屍，採生製藥，野番兇惡之族，尚不肯為，英法各國豈肯為此殘忍之行？以理決之，必無是事。天主教本勸人為善……彼以仁慈為名而反受殘酷之謗，宜洋人之忿忿不平也。」云云。然而天主教在中國之犯眾怒，受誣謗，惹迫害，亦大有原因的。據曾國藩續奏云：「……雖西人之耶穌教，亦未嘗多事。惟天主一教，屢滋事端，非偏有愛憎也。良由法人之天主教，但求從教之眾多，不問教民之善惡。其收入也太濫，故從教者，良民甚少，莠民居多。詞訟之無理者，教民則抗不遵斷；賦役之應出者，教民每抗不奉公。……凡教中犯案，教士不問是非，曲庇教民，領事不問是非，曲庇教士；遇有居民爭鬥，平民恆屈，教民恆勝。教民勢焰愈橫，平民憤鬱愈甚，鬱極必發，則聚眾而群思一逞。以臣所聞西陽貴州教案，皆百姓積忿不平所致。」（上見《求闕齋弟子記》卷十七）。由此觀之，可知中國基督教前受國際政治影響，今則受天主教徒之影響，一再無辜而被波及之故矣。

是年東莞城石龍教堂復遭歹徒拆毀。適王元深、能約翰、兩人不在堂內，王妻乃被痛毆。幸得知縣命勇丁及時救護乃得不死。蓋是時清官因外交關係已知盡力保護教堂教士教民，惟愚民仍仇教耳。王元深由石龍回莞城，途中突為二人所執，曳至河邊，幾被溺死。幸其中一人力勸阻止之，只飽以一頓老拳而去。次日，王由虎門回香港，家眷則繼由差役護送出險。石龍各教士亦盡逃回。有教友陳效莘、王炳，二人留守禮拜堂。一日，忽有百餘人擁至包圍教堂。兩人逃上屋頂，得鄰人救出，交汛送至省城，乃出險。

胡燮卿牧師（胡素貞女博士及胡惠德醫生之祖）在東莞滏田鄉，被一農人誣以暗放「神仙粉」，執而囚之於家，勒索巨金，即連夜由窗門逃出。

事後，地方官出示嚴禁，此種仇教謠言乃漸寢，教民相安。東莞各處工作因得繼續。

（以上事蹟大致根據王元深：《聖道東來考》並參考其他。）

在一八七〇年（同治九年）東莞城拆毀教堂後數日，佛山雙有鬧教事發生。（年期據

《聖道東來考》）先是，香港之倫敦會中國教友於一八六四年捐款派遣何雄斯（師）往佛山傳道建堂，英教士湛約翰偕焉。未幾公選何福堂為主任牧師。（何，原名進善，於一八四二年自馬六甲隨理雅各回港任傳道，一八四五年被按立為牧師。）一八七〇年新建之禮拜堂落成舉行開幕典禮。男女教徒數十人，聚集頌禱畢，將赴宴。忽有歹徒聞東莞教堂被毀事，借故生風，即糾眾拆毀此新建的禮拜堂，男女驚惶，四散逃命。歹徒執何雄斯而痛毆之，傷其首，血流滿面，倖不死。何福堂牧師則從窗門跳出逃命，因驚恐過甚，回港不久即患中風症。次年在廣州逝世，年五十四歲。是亦為道殉身者也。（按：其子即何啟大律師）其後，地方官秉公查辦，償建教堂。

一八八七年播道會（即美瑞丹會）美教士寬夸倫牧師來粵，會同由美歸國之蕭雨滋、吳碩卿，兩華牧師立會傳道，基址先後在河南南岸、瑞仁兩街，所受窘迫甚多。土人窘逐誹謗投磚擲石習以為常。一八九五年，在紫來街立宣道堂，亦幾於日日被人投瓦擲石。傳道人頭破數次，後停辦。轉在海幢寺前講道，又常受無賴與僧人之騷擾。在飛沙走石下工作六年。又轉在城隍廟內傳道，亦受逼害不少。一次，蕭雨滋牧師頭破血流。一八九九年，設「啟明福音船」，吳子坤牧師自為舵師，在珠江河面向蛋民及四鄉播道，亦到處飽受窘逐。至一九一一年停辦，改而專在陸地工作。（見劉粵聲編《香港基督教會史》）

耶穌基督說：「為義受逼迫的人有福了，因為天國是他們的。人若因我辱罵你們，逼迫你們，揑造各樣壞話毀謗你們，你們就有福了。應當歡喜快樂，因為你們在天上的賞賜是大的。在你們以前的先知，人也是這樣逼迫他們」（馬太五章十至十三節）。敬錄此遺訓以作本節結尾語，不能再贊一辭了。不過以上所彙錄之事實，就現在手頭所得史料而編成，多限於基督教入華初期數十年間在粵閩兩省發生者。固知掛漏必多，所望同道同文如有所知，不吝以補充資料見賜，俾得陸續編入，使得成為完備的信史，是所盼感。至於一九〇〇年（庚子）拳匪肇亂於北方，基督教中西教士教徒殉道者，屈指難數，另有昭忠專書，非本篇所能備載矣。

附錄

中國基督教開山時期大事年表

（根據《梁發傳》附錄大事表及本書內容參訂）

一七八二年一月五日　馬禮遜生於英國那頓蘭的摩泊司地方。

一七八九年　梁發生於中國廣東的高明縣。

一八〇七年九月七日　馬禮遜抵廣東之澳門旋到廣州開始工作。
一八〇九年　馬禮遜受東印度公司聘為翻譯員，同時努力傳教工作。
一八一三年七月四日　米憐抵澳門。
一八一三年杪　馬禮遜獨力翻譯完成之新約全書印行。
一八一四年七月十六日　馬禮遜在澳門為蔡高施洗，是為中國第一位基督徒。
一八一五年四月　米憐偕梁發赴馬六甲開闢新基地。
一八一六年十一月三日　米憐在馬六甲為梁發施洗。
一八一九年十一月　馬禮遜將新舊約全書譯成，共廿一冊，名《神天聖書》。
一八一九年　梁發回國印行佈道小冊，旋被捕下獄。出獄後再赴馬六甲。
一八二二年六月二日　米憐死於馬六甲。
一八二三年十二月　馬禮遜按立梁發為宣教師，是為中國第一位牧師，馬禮遜隨回英。
一八二六年　馬禮遜再來中國繼續工作。
一八二九年　梁發回國印行《勸世良言》九本，以後努力於派書傳道工作。
一八二九年　德國郭士立牧師初到中國，開始作內地傳教工作。
一八三〇年二月十九日　美國公理會所派遣之第一位來華傳教者裨治文博士抵廣州。
一八三〇年五月廿八日　梁發與屈昂離廣州往鄉間佈道。六月十一日抵高州。

一八三四年　美公理會派伯駕醫生來粵，是為第一位傳教醫生。
一八三四年八月一日　馬禮遜死於廣州，旋葬澳門。
一八三四年秋　梁發因受清吏壓迫逃馬六甲。
一八三五年十一月四日　伯駕醫生開設博濟醫院於廣州，是為中國第一所基督教醫院。中國教會最初的定期宣道敘集於此醫院內舉行。
一八三六年春　洪秀全在廣州得獲《勸世良言》。
一八三六年　第一位浸信會傳教士叔未士抵澳門。
一八三八年　浸信會羅孝全牧師來華。
一八四一年　郭士立組織興漢會推進內地工作。
一八四二年　倫敦傳教會駐華總機關及英華書院由馬六甲遷至香港，由理雅各博士主持。
一八四二年　美以美會初遣教士至福州工作。
一八四四年十年廿二日　美長老會第一位傳教士哈巴安德（Happer）抵澳門。翌年，開辦學校一所。
一八四五年　紀里士卑與梁發在河南江邊租屋居住，並開設福音堂，後被搗毀。
一八四五年　美浸信會之地凡（Devan）醫生在聯興街開設施診所。
一八四六年六月　蔡高死於獄中。

一八四六年十月十一日　何福堂（進善）在香港受倫敦會按立為牧師。
一八四六年十月十八日　梁發另建禮拜堂成立。
一八四七年　洪秀全到羅孝全處學道旋赴桂運動革命。
一八四七年三月　哈巴安德牧師將其所辦之學校（校中有學生三十人）由澳門移至廣州故衣街，但為居民所不容，後在十三行內設臨時校址。是為中國第一所基督教學校。
一八四八年四月　哈巴將其所辦之學校遷至靖海門之江邊，兼設福音堂。
一八四八年　美公理會傳教士波乃耶牧師（Dyer Ball）在鹹蝦欄開設福音堂，施診所，及學校，後於一八五三年停辦。
一八四八年　郭士立命黎力基王元深至東莞開設內地傳教第一個機構，以後展開內地工作。
一八四八年十二月　廣州長老區會初次開會，但因法定人數不足，至一八六〇年始有正式長老會議。
一八四八年　合信醫生與梁發在沙基金利埠開辦惠愛醫館，並設福音堂於其中。
一八四九年五月　美長老會的花連治牧師在城內後街開設一小福音堂。
一八四九年　廣州有四處福音堂，每禮拜日舉行公眾禮拜，平均每次到者約有五百人。
一八四九年　羅孝全牧師建浸信會禮拜堂於東石角。
一八四九年　郭立回國，與其同工之教士各回禮賢，巴色等教會工作。

一八五〇年　美長老會在靖海門所開辦之寄宿學校擴充規模。五月中，哈巴牧師在此開設一福音堂，且於寄宿學校之外添設走讀學校一所。
一八五一年一月　洪秀全起義於廣西桂平之金田，以基督教建立太平天國。
一八五一年　郭士立再來華，同年疾歿於香港。
一八五二年　哈巴夫人創辦中國第一所基督教女子學校於廣州。
一八五三年　衛斯理會開始在廣州工作。
一八五三年　花連治牧師在太平沙租屋開設福音堂。
一八五三年　公理會之富文牧師（Vrooman）與衛斯理會之裨治牧師（Beech）第一次往花縣作佈道旅行。
一八五三年　哈巴夫人開辦女子寄宿學校。
一八五四年十二月三日　美長老會施洗第一個教友，名要亞聽，原係在寄宿學校讀書之男童，後被按立為第一支會長老。
一八五五年　富文牧師與馬高溫（Macgowan）醫生第一次往佛山佈道，在此派送小書。
一八五五年　富文牧師及浸信會之基律（Gaillanl）牧師第一次循西江而上，作傳道旅行，直至德慶，在市場中講道，同時派送聖經及小書。
一八五五年　陳長興莊滿和至梧州傳教被捕，死於南海監獄。

一八五五年四月十二日　梁發死於廣州。

一八五六年　富文牧師，基律牧師及衛斯理會之司模本（Smith）牧師同往香山新會布道，在許多鄉村墟市中派送聖經及小書。

一八五六年　美長老會之會舍在戰事中破焚。

一八五七年一月　英教士數人在香港中毒幸皆不死。

一八五七年　公理會之龐呢（Bonney）夫人在廣州開設女子寄宿學校。

一八五八年　美長老會傳教士由澳門返廣州，在南關新沙租屋一所。

一八五八年十二月　嘉約翰（J. G. Kerr）醫生遷居於增沙，在此開設一醫院，鄰近之屋舍則用為其住宅及福音堂。

一八五八年　兩年前因避戰事回國之倫敦會湛約翰牧師及衛斯理會郭修理牧師重返廣州，在府學東街某中國教友之家中舉行禮拜敘集。

一八五八年六月　倫敦會在沙基地方所有之醫院原址重為郭修理牧師及王寬醫生所取得，重行開辦。

一八五九年　哈巴牧師及其夫人由美回華，租屋於同德大街居住。

一八五九年　倫敦會在廣州有男教友十六人，女教友五人。

一八六〇年　美公理會傳教士龐呢牧師在四牌樓開設一福音堂。

一八六〇年六月　美長老會在十三甫買屋一所，為開設禮拜堂及學校之用。
一八六〇年　美長老會在佛山開設贈醫所及福音堂，繼續開辦四年。
一八六〇年　哈巴醫生主理沙基之倫敦會惠愛醫館，此醫院鄰近其住所。
一八六一年十月十五日　東錦江被害於廣東博羅，是為中國基督教第一位殉道者。

參考書報

（1）王元深：《聖道東來考》（一八九九年）
（2）麥沾恩著、胡簪雲譯：《梁發傳》（基督教輔僑出版社）
（3）劉粵聲編：《香港基督教會史》
（4）劉粵聲編：《廣州基督教概況》
（5）麥梅生：〈基督教在廣東〉（載簡又文主編《廣東文物》下冊卷八）
（6）陳翼經譯：《聖經與中華》（宣道書局）
（7）恭思道：《基督教在中國之概況》（中華聖公會書籍委員會印行）
（8）許克讓、蔡子康同修：〈蔡（高）先生年譜〉（一九一四、十二、十六、上海《通問報》）

（9）張祝齡：〈中華第一受洗人蔡高先生軼事〉（載同上）

（10）皮堯士、張祝齡合譯：〈中國第一宣教師梁發先生傳略〉（載香港《大光報》「基督號」第三期）

（11）王定安：《求闕齋弟子記》

（12）林仰山（Frederick S. Drake）：《教會史》（廣學會出版）

（13）賈立言：《基督教史綱》（基督教輔僑出版社）

（14）蕭一山：《清代通史》

（15）蕭一山：《清代史》

（16）陳恭祿：《中國近代史》

（17）簡又文：《太平軍廣西首義史》（商務印書館）

（18）Robert Morrison: *Memoirs*

（19）W. H. Medhurst: *China: Its States of Projects*

（20）K. S. Latourette: *A History of Christian Missions in China*

（21）C. S. Horne: *The Story of the L. M. S.*

（22）A. Wylie: *Memorials of Protestant Missionaries to the Chiniese*

（23）C. H. Robinson: *History of Christian Missions*

（24）*Chine e Repository*, Vol. IV

（25）M. Broomhall: *Robert Morrison A Master Builder*

（26）E. P. Boardman: *Christian Influence upon the Ideology of the Taiping Rebellion*

廣東省級文獻事業紀實

發動

中華民國三十四年（西曆一九四五）十月初旬，余由廣西蒙山回粵，與省政府羅卓英主席會晤。時，全省光復未久，百廢待舉。省政府各委員擬定全省復員施政方針，分為政治建設、經濟建設、與文化建設三大端。暢談間，彼此對於整理及發揚鄉邦文獻的大問題，最感興味。羅君對於昔年正當抗戰最烈期間各同志在香港「中國文化協進會」主辦的「廣東文物展覽會」（在香港大學馮平山圖書館舉行），及以後出版之《廣東文物》（三巨冊），大加稱許（當時，羅君雖總師干，仍匯捐鉅款為助），以為當年同人等困處孤島，環境惡劣，工作艱難，更有極有限之人力物力，而竟能有若是成績，現在河山光復，倘能集中全省的人才力量，作大規模的與有系統的運動以推進此一重要事業，將來成就必更無可限量，因即鼓勵我繼續努力於此項工作。余以偃武修文、徵文考獻之時機已至，乘勢將多年所夢想設立「廣東文獻館」大計畫當面提出，與其商榷。羅君為之動容，深韙芻議。事後，余復造訪老友省政府羅委員香林，即以此意見為談話中心，得其熱烈贊成，並允在省政府內竭力提倡、推動、務期實現焉。此省級文獻事業之嚆矢也。（羅委員隨而向羅主席進言，聘余為省政府顧問，俾有名義以利進行，此余至所銘感者。）

爾後，余等再經幾度商談，漸有頭緒，而此新事業之輪廓亦漸次形成。最後，羅主席堅決表示：倘余肯留粵負責主持，則決由省政府創設「廣東文獻館」，以實現文獻事業之大計畫。余對於研究廣東文物及發揚鄉邦文獻，素感極濃厚的興味，倍多於從政做官。心中常懷理想：全國文化歷史悠久，而彊土遼濶，傳統文獻真是浩如煙海，斷非少數學人在短短期間所可能全部加以整理；但如採用分區分工合作共進的科學方法，由全國各省就地徵集人才，組織機關，同時並舉，依著一致的計畫作系統的進行，則十年之內，各省文獻必能有一次大整理，更能以各省所得總滙及貢獻於全國，則對於中華文化之復興與光大，必有非常宏偉的結果無疑。今吾粵既有此無上機會，大舉興辦，以為全國倡，實是個人夢寐以求者。況且懍於素所服膺之國父遺訓：「當立志做大事，不可做大官」，遂毅然決心捨棄連任十三年之立法院立法委員一職，留粵擔負此新任務、新責任、並擬獻其餘生以為此大事業服務焉。省政府祕書長丘譽暨委員羅香林、黃文山等君均鼎力合作，積極推進。未幾「廣東文獻館」之創立果得成為事實。

翌年一月廿五日，省政府各委員於第卅二次省務會議，通過羅主席交議：「為發揚文化、保存文物，擬設立『廣東文獻館』一案，附具籌設辦法。議案全文（原係由羅委員香林主稿）曰：

查地方文獻，關係治道隆污，所以因革損失，考鏡利弊。是以歷代保重，視同國寶。本省為革命策源地，偉績既多，文獻尤富。惟向無專管機關，僅於圖書館與編印局等，兼為蒐藏。責既不專，功效自寡。抗戰後，沿海播遷，文物流移，散失彌甚。茲際勝利復員，講求建設，自應設立本省文獻專館，廣為蒐討，妥為闡發，文化復興，心理建設，實利賴之。

附有具體辦法四條。其第二條，以省立「編印局」合併於本館。第三條文曰：「廣東文獻館」，指定設於省會文廟（即「廣府學宮」），兼管該廟一切事宜。是為創設此新機構之法案。

籌備工作

議案既通過，省政府即以羅主席兼任主任籌備委員，而聘余為專任籌備委員（義務的），實際負責推進工作，施行計畫。籌備工作於二月一日開始。首先進行接收文廟。其時，廟內有某軍駐紮。幾經交涉，始於三月一日先行收用一部分房舍，遷入辦公。籌備處乃正式成立。再過數月，卒接管全廟。原日負責管理之教育廳即將有關文廟之文件、產業簿據、及租約等全部檔案移交本館保管。（後來忽有某某等運用政治手段，強將文廟移交明倫堂接管，一應文件、產業、簿據與租約等統由廖景曾（伯魯）接收。附錄於此以誌沿革。）

初時，處內職員及工役，全體不過寥寥數人而已。經陸續擴充，規模略備，進行益力。會饒宗頤君由桂回穗，乃力請屈就主任祕書職，多一臂助以奠定基礎。本館有幾篇重要文章，出其手筆。周文剛、黃般若、譚彼岸、李景新等君分任各部幹事。其後，饒君因故離穗，而周、李二君亦相繼去職。旋得宿儒陳德芸教授加入幹部，由省政府聘為本館顧問，主管本館圖書室。

在廣州淪陷期間，文廟久為敵偽軍佔駐。門牆房舍，均被毀壞。園林樹木，大半無存，大成殿及兩廡奉祀之先聖先儒木主，亦被毀殆盡，僅餘孔子牌位巍然獨存，而所塗金色已被洗剝。光復後，則全廟變為某軍部駐兵養馬之場。廟內外，瓦礫糞穢，堆積遍地，臭氣薰天，整個學宮淪為廢廟。籌備工作，首在清除蕪穢，修建房舍門牆，同時，羅致器物圖書。全部修建工作分六期施行，經費陸續由省政府撥給。其特別購置費（如圖書、古物）及家具用品，則多由各方捐贈。工程計畫，半年後始得完成。全部布置，略述如下。

大成殿內至聖四聖神龕，悉仍舊貫，粉飾一新，兩旁陳列原有樂器祭器（大部喪失，一部分於淪陷期間密藏於市商會，經收回）。此後以殿堂作大禮堂及講壇，為宣揚文化之用，無背先聖杏壇設教之旨焉。兩廡破爛不堪，由熱心人士捐資修葺北部，重製先儒木主奉祀。

其南部權用為文獻及古物保藏室。大成門東西房屋各兩間，用為「以善藝術室」（紀念明代廣東大畫師林良）、「曲江陳列室」（紀念唐代粵名賢張九齡）、「中山革命文獻室」（紀念國父）、及「白沙閱覽室」（紀念明儒陳獻章，內通圖書室）。其餘，東西偏殿，及東邊「嶺南第一儒林」等房舍，則用作辦公室、會客廳、藏書室、會議室及職員宿舍等。此內部修葺之工程也。

大成門前正中大天階，階石全部重鋪。天階北首（即學宮大門內）泮水、石橋、假山、小亭，東西兩門樓及兩廊，均加以修葺或改建。另砌環池數石徑。原有碑刻數座，均保存而移置兩廊及門樓。大門內原有廢圮小屋數幢，均拆去。在東邊改建警衛室及職員住宅。泮水北原有大石牌坊三座，粉飾一新。「文武官員至此下馬」兩石碑之後，各樹高四丈餘之大旗杆一。全部工程之最大最要者，厥為改建學宮大門及外牆，舊牆原在文明路線內數十尺。全部拆卸，另沿路邊改建新牆，塗髹紅色，外襯白石欄杆，略如舊樣。又將對門文明路北邊青雲橋畔大石牌坊一座移作正面大門。另將廟旁廢置一隅之「賢關」「聖城」兩石牌坊，移建於正門大牌坊兩旁。此部工程完成後，文廟內部面積增加數千方尺，外觀亦極堂皇壯麗。廟內庭階、花園、假山、以及正門內外廣植樹木百餘株，另有盆栽各花異卉，百餘種。其中以大成殿前及正門內各高一、二丈之大柏樹十餘株為最偉觀。園林之建造及花樹之栽植，均請嶺南大學農學院邵堯年教授親來輔導。全部工程，瑣屑而浩大，但省政府所撥之經費又不多，不能不簡約從事，儘量利用廟內原有之磚瓦木石舊料，鳩工從事，自行監造，以求節省公帑，完成計畫。而羅主席異常注重其事，於政務百忙中，仍常蒞館，對修建及籌備事宜，親自擘劃及督導，故一切進行，均得順遂。

重修文廟以作館址，既須適用，又須保存原有之莊嚴氣象及壯麗景色。工程完成之後，前日廢廟、內外一新。宮牆依舊，泮水常清。花木扶疏，時挹清風之習習。庭階肅穆，重瞻聖廟之峨峨。今後遂能善用舊址以為昌明文教、發揚文獻之所，寖假成為廣州省會文化重心，不啻現代的、真正的「文廟」或「學宮」矣。

在籌備期間，得社會人士熱心合作，紛紛捐贈經費、器物、圖書、古物等。至工作方面，亦已同時開展，如徵集文物，整理文獻，展覽藝術，與夫起草規程，組織機構等是（詳後）。

成立大會

歷時七閱月，籌備工作既就緒，本館組織規程，亦由省務會議通過（略），即由省政府敦聘陳融、胡毅生、葉恭綽、香翰屏、羅香林、高劍父、徐紹棨（信符）、溫廷敬（丹銘）、簡又文等九人為理事，並以羅卓英主席兼名譽館長，另聘簡又文兼館主任。（余自始即一力主張，務使本館成為政府與人民合作共管共營之機構，故不稱「館長」、而稱「館主任」，實涵有非官職意義也。）

九月十九日，即廣東革命獨立三十五週年紀念日，舉行成立大會。蒞會嘉賓有黨、政、軍各機關長官及社會賢達耆宿，文化界學術界先進等，與本館理事羅、高、徐、簡、四人、暨全體職員。其時，全省行政人員適在會議期間，全體同來參與盛典。來賓共二百餘人。羅主席先致開會辭，其中最精采的幾段節錄於後：

「論及廣東文獻的特徵，要以革命精神與創造精神為最顯著。從歷史看來，廣東確是革命和創造的策源地。國父孫中山先生以革命手段，推倒滿清腐敗的政府，掃除中國二千年專制的政體，同時以創造之精神、揭櫫三民主義，建立中華民國，這是革命文化與創造精神的最高結晶。國父以前，提倡革命和創作學藝者，亦代有其人。如唐六祖惠能之開創禪宗，就是宗教革命。明陳白沙、湛甘泉、兩先生的直叩自然，體認天理，是學術思想的革命。又如宋熊飛、馬南寶等之興師抗元，慷慨戰死；明中葉陳璘、吳廣之援韓，盡殲日軍；明末陳子壯、張家玉、陳邦彥、黎美周、蘇觀生、黃公輔、王賁、鄺露等之力扶明室，抗清殉國；都是民族與政治的革命。以至近代太平天國洪秀全、馮雲山、林鳳祥、洪仁玕等之崇天起義，則更是宗教、政治、與民族的綜合性的革命。他如在藝術界，則有明林良之開創新畫派；在文學界則有近人黃尊憲（公度）之詩與梁啟超之文，亦都含有革命活力之表現。再如明海瑞之廉介剛正、力劾權奸，梁元柱之不屈於魏閹、直聲震天下，及邱璿之獨闢新見、創作新史。這些都是尤其沉潛磅礡的革命精神，發為旋乾轉坤的創造事業，真可算是廣東文獻的瑰寶，亦可稱為史華民族的精英。至於其他各時代、各區域的賢哲偉人的德、言、功、才，高人逸士的文學藝術等，或直接間接的貢獻於當時，或有形無形的影響於後世，更或帶往國外及五大洋，更是搜不勝搜，舉不勝舉了。文獻館正式成立之後，當從事於有計畫的搜集與保存，當悉心於系統的整理與研究，更當努力於有方法的光大與創造，務使今後的人，真實認識廣東人物和廣東文化有甚麼特出的優點、價值、和貢獻，因而深感這塊大地為可親可愛，則忠於民族、愛吾國家之精神，亦日強固。廣東文獻館之成立，便是為中國全部的文獻保存與文化建設而去負擔一部分有力的工作。（按：這是明定文獻館之工作原則與目的。）

省內各縣市亦盼各組成文獻委員會，分頭進行，並與本館切實聯繫，共同整理，合作共進，使一切匯合於省，貢獻全國。

在過去封建時代，平民是不能隨便入孔聖廟的，而文武官員至此也要下馬。孔廟著實具有莊嚴性。廣東文獻館，固然也須具備莊嚴性。可是我們要讓民眾自由地來欣賞文物，讓民眾普遍地來瞻仰先賢先哲先烈的遺澤餘風，藉平民化的文化運動去促進國民心理建設，而不是過去的貴族文化。同時，今日舉行這典禮，把國父遺像和孔子牌位一起供奉。兩者都是富有偉大的革命精神和創造精神的大聖大賢。兩人是中國歷史上的先聖與後聖，應當受到我們同樣的尊敬。

總之，文獻館之成立，不只是『存古』，而且還要『通今』；不全是『抱殘守缺』，而實在是『溫故知新』。我們的目的是藉這一座『長明燈』，發出『真光』，照耀著『新世界』，讓人們在光明圈裏，不斷地創造，不斷地進步。」

繼由余報告籌備經過。隨舉行授旗儀式，由羅主席將長達一丈之紅地白字館旗一面，親自頒發與各理事，即是代表興辦、整理、保存、及發揚本省文獻的新事業之職權與責任付託本館。省政府祕書長丘譽乃代表省政府致授旗辭。辭曰：

粵維奧區。南交是宅。
唐宋而還。乃著史冊。
民族英雄。久垂金石。
景仰前徽。典型是式。
考獻徵文。有館斯適。
選賢授權。群力群策。
邦之彥英。國之耆碩。
言觀其旗。敬謹執役。

革命精神。貞潔人格。
如血之紅。如雪之白。
勗哉夫子。勉盡職責。

各理事接受館旗，同時就職。繼由來賓致辭，徐理事答辭。既畢，砲竹讙鳴，館旗上昇，典禮完畢。廣東歷史中一個創新而重要的文化機構——「廣東文獻館」，於是正式成立。

本館主辦之第四次藝術觀賞會，於禮成後開幕。是次展覽廣東文獻精品——歷代法書各畫二百五十件，陳列四室，滿目琳瑯。各來賓留館欣賞，流連忘返，至入夜始散，足稱別具風味而饒有意義的餘興也。

省文獻委員會

廣東文獻館成立後，省政府旋於冬間奉到國民政府行政院內務部頒布〈省、市、縣，文獻委員會組織規程〉。為遵照中央法令及配合已經成立之文獻館組織與工作起見，另設新制度。乃於三十六年一月七日第八十次省務會議通過「廣東省文獻委員會」組織規程，即將原設之文獻館理事會擴充及改組為「廣東省文獻委員會」。至文獻館則仍舊設立，在省委員會督導之下，成為業務機關，實施各種工作。二月五日，「省文獻委員會」正式成立。

「省文獻委員會」之組織，大致遵照內政部所頒布行政院第七五一次會議通過之原則（茲不錄），惟第二條則改作：

「本會置委員十五人，以省政府祕書長、民政廳廳長、教育廳廳長、為當然委員，餘委員十二人由省政府延聘耆宿與專家充任，就委員中指定主任委員一人主持會務，副主任委員一人襄理會務。

延聘之委員分三組，每年一組四人滿任。除第一年各委員由省政府分組延聘及指定任期為一年、二年、或三年外，以後每年滿任者，或在任期內因故退職者，由省政府改聘之。以後委員任期均三年，連聘得連任。

第一年主任委員葉恭綽（在滬未回），副主任委員羅香林（代理主委），委員為桂坫（南屏）、李懷霜、徐紹棨（信符）、廖景曾（伯魯）、溫廷敬（丹銘）、陸達節、鄭師許、高劍父、香翰屏（墨林）、簡又文（兼館主任）及省政府祕書長丘譽、民政廳長李揚敬，教育廳長姚寶猷。是年秋，葉恭綽君回粵，親自主持會事，館務發展益得順利。其後二年間，補充新委員有冼玉清（女教授）、饒宗頤、黃麟書（補徐紹棨病故遺額）。各組主任則為：編纂組蘇憲章、採集組（圖書室主任）陳德芸（先）譚彼岸（後）、整理組黃般若、總務組譚彼岸（先）、邱錦賢（後）。

至三十七年春，宋子文君接任廣東省政府主席，官方委員隨而變易，惟會務館務仍進行如常。先是，各文獻委員以羅主席卓英開辦本館，關係全省文化之發展者甚大，乃將館內前園東邊假山上小亭命名曰「卓亭」以資紀念，由桂委員坫（南屏）書匾、至譽其闡揚鄉邦文獻之功不在阮元、張之洞之下云。慈威將軍已於年前作古，緬懷舊事，不盡依依，追念鼎創嘉猷，怛悼之情倍切，則斯亭者，比之召伯之甘棠，其庶幾乎？

文獻館之組織與計畫

「廣東文獻館」之組織規程，先由「文獻委員會」通過，復經省政府修正通過，乃公布施行。其特別重要之數條如後：

第二條　本館性質，係廣東省政府會同社會人士永久通力合作之機構，由「廣東省文獻委員會」督導。

第三條　本館宗旨在運用科學方法，配合時代精神，以徵集、保存、整理廣東文獻，及研究、發揚、促進鄉邦文化。

第六條　本館設館主任一人，執行省文獻委員會之決議，綜理館務，推進事業。館主任由省文獻委員會聘任之。

第七條　本館分部辦理事務及實施工作。各部職員由省文獻委員會撥用，其編制另定之。

第十五條　本館收藏有關廣東文獻之各種圖籍、書畫、金石、藝文、品物、紀念品、以及其他一切文物，或原為公物，或由本館購置者，或由社會人士捐贈者，皆為全省人民公有之文化瑰寶，由本館慎為保存，陳列館內，以資欣賞、研究、及紀念，非得省文獻委員會議決，無論何人，不得將任何藏品移出館外；其有據為私有者，一經查出，依法嚴辦。

第十六條　凡公私文化機關團體，與本館宗旨相符者，經省文獻委員會議決，得與本館聯合共進，隸屬本館組織系統中，成為聯屬機體，由本館加以掖助，予以利便，用收通力合作之效。

至於文獻館之工作計畫大綱，則亦同時擬就，逐步實施。其總原則大致根據羅主席所定立（見上文演辭）。全部工作計畫分範圍與實施二部。錄之於後，以供參考。

工作之範圍

一、圖籍門　凡本省人士著作譯述之原稿本、批校本、手鈔本、印行本，及一切與廣東有關之中外著作、文件、檔案、史料、與譜諜、輿圖、方志、書版，並本省公私機關、團體、或個人、發行之報章、雜誌等、均屬之。

二、書畫門　凡本省古今各家，或有關廣東文獻之書法、繪畫、與名人墨蹟等、均屬之。

三、學藝門　凡本省人士所創作，或發明，或翻譯，及一切有關廣東文獻之詩詞、謳歌、散文、戲劇、音樂、電影、學說、科學等、均屬之。

四、人物門　凡本省歷代之先賢、先哲、先烈、與方伎、名宦、流寓、外僑，及當代賢達、均屬之，而以對鄉邦、對國族、對人類服務、有重大或特殊貢獻者為標準。（按：末語明定崇敬及紀念粤獻之標準，至為重要。）

五、品物門　凡本省人士之藝術品、文具、雕刻、治印、樂器、新發明，及各種有歷史價值之紀念品等、均屬之。

六、金石門　凡本省所有金屬器物，與石刻、碑誌，或為原物、拓本、影片、均屬之。

七、古蹟門　凡本省之城廓、名墓、遺蹟、名園、風景、名勝、寺觀等、均屬之。

八、建置門　凡本省之衙署、祠廟、市場、學校、書院等、均屬之。

九、歷史門　凡本省歷代史乘、沿革，以及太平天國、國民革命、抗戰建國、諸役之史料，與現代大事，並天時、人事之重大變遷等項、均屬之。

十、地理門　凡本省交通、形勢、疆界、山川、海岸、水利、特產、方物等、均屬之。

十一、民族門　凡本省各地之方言、風俗、與民族源流（本地、客家、福佬、捕屬、旗人、外族、苗、僮、傜、黎、蜑）與華僑拓殖史實等、均屬之。

十二、社會門　凡本省之教育、政治、宗教、團體、機關、黨團、民眾生活、慈善事業、經濟狀況、各種職業、一般工資、物價、與人口出生、死亡率等、均屬之。

十三、其他一切有關廣東文獻之人、地、藝、文、事、物。

工作之實施

一、徵集　凡有關廣東文獻之圖籍、書畫、金石、藝文、以及其他一切文物，為系統的蒐集與珍藏，或由本館徵求與購置，或由藏家捐贈與借出。

二、保管　設法或設計保存，一般的古蹟、古物，及各種文物，兼遵照政府功令，負責管理（如廣府學宮及廣雅書版）。

三、整理　運用科學方法，對一般的事業對象，施行調查、訪詢、鑒定、紀錄、登記、編目、繪圖、製表、說明、介紹、比較、統計等整理工作。

四、研究　邀約專家及鼓勵學人作精詳的系統的科學研究、及以時舉辦討論會、座談會、文化講座、研究班等，以擴大研究工作，培養文獻學專才與工作人員及鄉土史地師資。

五、展覽　以所收藏之品物長期陳列館內，並以時徵集文物舉辦文獻展覽會，或藝術觀賞會，公開任人參觀。

六、編印　撰著、編輯、修輯，及印行有關廣東文獻之各種刊物。

七、演講　設長期的廣東文獻講座，及隨時邀請專家演講，或在播音臺廣播。

八、表揚　設法為廣東古今人物表彰、闡揚其嘉言懿行、或豐功偉蹟，並為舉行紀念盛典，並徵集其肖像、著作、墨蹟、傳記、及其他紀念品，保存與陳列於館內，以資景仰。

（表揚人物標準見上文之四。）

九、改進　力圖改進不合時代精神之文化遺產，並提倡創作新文物，宣揚獎勵新作品，以發展建國時期之新文化。

十、諮詢　凡中外人士，有欲確知或查考廣東之人、地、藝、文、事、物者、可函致或就詢本館，將轉約專家解答。

十一、翻譯　凡有關廣東之外人著作，及本省名著，擇尤翻譯印行，並以外國文字介紹及表揚本省之精良優美的文物，以求溝通中外文化。

十二、輔導　對全省各市縣文獻委員會工作進行，加以輔導，相與合作共進。

十三、服務　為文化界舉辦各種服務事業。

十四、合作　與全省、全國、全世界之文化、文獻機關，密切聯絡，以收互助合作之效，並以全省工作成績貢獻各省及中央。

工作彙報

回溯本館自籌備以至成立，而終告結束，首尾為期五年有餘。其間，經費向不充裕，以致工作計畫之實現，不如所期。先在籌備期間，雖省政府曾屢撥款項，使修葺工程，勉強應付，然已進行遲緩，而職工人員，全無薪給，只按月支付少數生活費而已。成立之後，羅主席曾在「文獻委員會」第一次會議致辭有獎勵語云：「以最少的經費，最少的人力、和最少的時間，呈極大的成績，文獻館已具規模。」亦算表現充分的欣賞了。至成立後的經費，比前更形支絀。緣本館究是新設的機關，向無成例，因之，預算案格於種種困難手續，遲遲未得通過，由是經常費與事業費無著，不特工作計畫不能展開，而且職工人員之生活費亦無法支付。在一時間內，黽勉留職者不到十人，門庭冷落，大廈難支（文廟面積闊，房舍多，責任大，而人員少，管理萬難週到）。顧騎虎勢成，關門不得。義勇留任之職工數人，絕不能令其枵腹從公。而余個人亦以事業重大，責任難卸，不得已而解囊墊款，暫作各員工之伙食費，每三日支付一次（以港幣支出，伸國幣入賑）。於館內設公廚，「開大鑊飯」，每日兩餐（職工全體及家人圍桌共食），如是者數月。（國民政府曾撥鉅款二千五百萬元至粵為推進文獻事業之經費，由省政府指定用途，以五百萬為廣雅書版復原費，二千萬為革命文獻購置費，早已用完。）其後，預算通過成立，余始得領回欠數，惟斯時國幣貶值多倍，前所墊出港幣數千元，歸墊不及什一也。此是本館之最艱難時期，真可稱為「篳路藍縷」，「慘澹經營」的時期，而各職工同寅，刻苦耐勞，緊守崗位，服務盡職為忠，不我遐棄為義，卒使本館守株得免，度過難關而維持下去，此其至堪褒揚亦個人至所感激者。

以後，本館經費雖可按月領取，惟額定職員無多（組長四人，組員十人，雇員四人），待遇不高，（館主任待遇比照簡任三級，余盡以月薪津貼各職工，以資鼓勵）以故未能作大規模的發展以實施計畫，尤未能多聘專家學者擔任重要的、專門的研究及編撰工作，亦未能編印具有學術價值之書籍、及其他刊物。計惟有一本向來宗旨與辦法，以最少的經費，最少的人力，做最可能辦到的工作。不外儘量徵求捐款以購置圖籍文物，及籲請熱心有力者慷概捐贈，兼盡其所能興辦輕而易舉、需款不多而有益群眾的工作，如各種欣賞會、展覽會、紀念會與文化服務是。

茲將自開始籌備以至事業結束之期間，本館所舉辦的各種工作，彙報於後，以存紀錄，並留紀念。

徵集圖書

此為本館最重要、最基本的工作，故自始即悉力以赴。所得第一部亦最珍貴者、為廣東最古之通志——明嘉靖戴璟之《廣東通志》，係從「北平圖書館」所藏孤本曬印而得。繼由嶺南有名藏書家徐紹棨君（信符，文獻委員）之「南洲書樓」購入廣東著述珍本四百餘種，以作圖書室之基礎。購置費由廣東實業公司捐贈。旋由省政府撥付中央發給本省文獻復原費之一部分，因得陸續購入多種。此外，另由各方人士捐出書籍亦復不少。（余捐贈先父遺下及個人所藏者八十種共二百餘冊。）綜計費了三年之心力，館內蒐藏之數共達二千零八十餘種，都六千二百餘冊。各籍編目後，公開任人到館閱覽。藏品固未堪稱為完備，但尚足供普通研究廣東文獻者之一助矣。

蒐羅古物

所收集本省古物及拓本共達九二五件：（一）石刻拓片六百餘種；（二）古磚古瓦一百八十餘種；（三）陽江、高州、潮州、佛山石灣出產陶器約百種；（四）瓷器三種；（五）肇慶七星巖石像三種；（六）端硯六種；（七）金屬器五種；（八）畫像八種，另石刻像拓本八種；（九）西漢南越王趙胡墓之黃腸題湊「甫十四」一件（此種墓木為全國最古之有字木刻，極為珍貴）；（十）其他卅三種。

（以上圖書及古物藏品數目，係截至卅七年三月為止。在此時期後、館務總結束之前續有增加，未及記錄。全部名目及數目具載交代清冊。）

接管文件

日軍陷粵後，搜劫全省圖書文物甚多，分類裝置數百箱，原擬盡行送往臺灣總督府。但在港待運時，吾國勝利，全省復員。由省政府派員赴港起出三百二十箱，運回廣州。即由各圖書館或學校分別領回原物。其原無所屬之五十七箱，則交由本館接管，內容多省政府檔案、地方表冊及有關文獻之文件。另由教育廳移交由日軍收回之修志文件二箱。本館盡收藏於東廡之文物保管庫，以一時人力所限未能一一加以整理、研究與發表也。此外，復受「敵產處理員」之託，代為保管逆產古物二批，數達四千餘件。為期兩年，始由該處收回。本館雖耗費保管費不貲及人力不少，但為公家服務，亦職責所在也。

陳列文物

本館特闢「藝術室」、「古物室」及「革命文獻室」，以為陳列、展覽、及保藏所徵集之各種品物之用。所徵集者，先從現代名家作品入手。計有繪畫廿餘軸，國父遺像雕塑一座，石灣名家陶質人像及其他陶、瓷、金、石、藝術品多種（古物數目見上文），分置各室。另有廣州城隍廟大鐵爐一座，置「陳列室」門外。（鐵爐係余昔年任廣州市社會局局長時修改城隍廟為「國貨陳列館」所淘汰之物，先由青年會領去，後移交本館。）

藝術展覽

本館工作之與全市人民最有密切的接觸及最受歡迎者，為歷次舉辦之「藝術觀賞會」。計在籌備時期開始以至卅八年春，一共十九次，每次公開展出各種藝術精品百數十點，陳列三日，任人到館自由參觀，不收門券。觀眾極為踴躍，人數由萬數千以至十萬廿萬以上。參觀者並可乘時遊覽園林亭殿，摩挲碑刻，參觀各室藏品，以及瞻仰先聖先儒牌位，蔚為文化界盛事。（附言：本館嚴格規定：凡入館者，必須衣履整齊；赤體赤足者，一律不得進內，所以尊崇孔聖及保存聖廟之莊嚴，亦所以提高文化水準也。）

茲將各次「觀賞會」時期及內容表列下方，以留紀錄。

（一）卅五年四月六日至八日　古代書畫六十點。藏家十人出品。

（二）七月十三日至十五日　明季民族藝人書畫五十四點，藏家十三人出品。

（三）八月三日至五日　葉因泉君戰時作品「抗戰流民圖」百幅。

（四）九月十九日至廿二日　廣東歷代名人書畫二四四點，藏家二十九人出品。在本館成立大會後開展。

（五）十月十日至十三日　陳大年（籮生）君古玉、石器等四百餘件。

（六）十二月七日至八日　何氏田谿書屋明清名人書畫卅二點。

（七）卅六年一月一日至三日，集蘭齋莫元瓚君唐、朱、元、明、清名人書畫　三十三點。

（八）五月三日至五日　陳文甫君宋、元、明、清各人書畫卅三點。

（九）六月七日至九日　梁氏真率齋及鄧氏清賞齋明、清、書畫五十餘點。

（十）六月廿九日至三十日　何氏嘉樂園劫餘楹聯百副。

（十一）卅七年一月一日至三日　古今古人書畫六十一點，藏家十四人出品。

（十二）二月十日至十二日　香翰屏君古今名人書畫五十點。

（十三）三月廿五日至廿八日　展出居巢（梅生）、居廉（古泉）一門繪畫二百餘點，簡氏斑園藏品。

（十四）四月三日至五日　張谷雛君燉煌石室佛畫、唐人寫經卷，及宋、元、明、名人書畫。

（十五）六月廿五日至廿七日　蘇仁山書畫百六十餘點，簡氏斑園藏品。

（十六）十月九日至十一日　蘇六朋書畫七十點。多家藏品。

（十七）十一月廿七日至廿九日　廣東歷代各家書畫九十一點，何氏嘉樂園藏品。

（十八）卅八年元旦至三日　謝蘭生（里甫）、黎簡（二樵）書畫百餘點，多家藏品。
（十九）二月十二日至十四日　盆栽多種，馮梁（小舟）出品。

宣揚文獻

為實現設館宗旨計，本館對於宣揚文獻之各種工作，視為至要，故不憚竭其棉薄，行之不遺餘力。除了各次「藝術觀賞會」儘量表揚廣東法書名畫外，另行舉辦以下幾種工作。

（一）廣東本革命策源地，革命歷史與文獻為本省最光榮、最特色的產品：本館特闢「革命文獻室」分類庋藏、陳列、及陸續蒐集所得及借來之革命文獻，包括書籍、墨蹟、圖片、石刻、文據等，共有一四五種。其中最珍貴者，為本館所收得之國父所遺文物六種：（甲）親書「博愛」擘窠二字長大橫批；（乙）在香港學醫時所用之英文書三種；（丙）在香港學醫畢業第一名獎品、西籍一種；（丁）「革命四大寇」原始照片一張；（戊）在澳門行醫時為革命籌款之親筆借據一張；（己）藍墨水親筆書扎一通。卅五年國父誕辰，本館與國民黨廣州市黨部及省立圖書館聯合在本館內舉辦「國父文物展覽會」，一連六日，參觀人數共達廿萬有奇。全部陳列品，計有圖片三百餘幅、遺墨四十餘件、《三民主義》中文本及譯本與史傳等九十餘種、譯著五百四十餘種、紀念紙幣九十餘種、硬幣三十餘種、郵票四十餘種，另有圖表、銅章、石印、自用金錶、自書名片、塑像、遺像、金漆大畫像、及手札、命令等多種。會期內，每日有大報附印專刊半頁，各載文章數篇，宣揚更為得力。

（二）「廣西石刻展覽會」：卅六年春，廣西省政府專員林半覺奉命東來，調查本館之組織與辦法，以備桂省設館之參考，及訪拓市內革命石刻，由本館招待一切。林君隨將所攜來之廣西石刻拓本一千八百餘種在本館公開展覽三日。事後，貽贈本館以與粵東文獻有關者四十餘種。其中以桂林「平蠻三將題名」摩崖（即狄青與粵人余靖及孫沔）及太平天國翼王石達開（原籍和平）之宜山詩刻為最名貴。

（三）展覽西沙物產：省政府組織之西南沙群島誌編纂委員會、嘗派員赴該群島採訪，攜回物產標本甚多，特於卅六年六月十一至十五日，與本館聯合舉辦該群島物產展覽會，出品共約千件。觀眾共達十餘萬人。

（四）展覽明季忠烈文物：卅七年一月廿三至廿五日舉辦第一次廣東史蹟展覽會，陳列明季廣東忠義節烈之士所遺文物。出品有著述卅三種，及法書、繪畫、鈐印、遺物、遺像等，共六十餘種，分由藏家十八人借出。其中，本館所藏者九種。

（五）展覽太平天國文物：太平天國民族革命大運動，為國民革命之先驅，亦為粵人所倡導，在民族革命史自有其不朽的價值。本館於卅七年五月廿一至廿三日，舉行第二次史蹟展覽會，陳列太平天國文物三大類：（甲）泉幣、印璽、兵器；（乙）中西文公私著述史料；（丙）石刻、圖像、影片。合計數百種，皆余個人蒐藏者。

（六）展覽南海神廟文物：波羅南海神廟為吾粵最古之神廟。三十七年，文獻委員會組織考察團，由本館派員會同專家多人前往研究。八月一日至三日，展覽考察及徵集所得文物共百廿種。

（七）演講編撰：除以上六次集會外，余撰著研究廣東文物論文數篇，又曾到各機關、團體、或學校演講十二次，均以廣東文獻為講題。

表揚粵獻

對於鄉邦先賢先哲、本館屢舉行表揚工作。

（一）陳東塾先生（澧、蘭甫）卅六年三月十一日為先生一百三十七年誕辰。本館特為舉行隆重的紀念會，特約桂坫（南屏）與羅香林二先生演述其生平及學術地位。自是日起，一連三天，開陳先生所遺文物展覽會，陳列其遺著六十七種，書畫三十四點，其他物品三件。

（二）卅七年三月七日為吾粵已故名詩人黃晦聞先生（節）七十五歲誕辰。是日，本館為其開紀念會，講述其生平、作品、及朗誦其遺作，並展覽其遺墨、遺著多種

（三）卅七年七月十四日為南明吾粵民族詩人屈翁山先生（大均）逝世二百五十週年祭。本

館於是日舉行紀念會，並展覽其遺墨、遺著多種。

（四）卅七年十一月廿一日（陽曆）為明儒陳白沙先生（獻章、公甫）五百二十年誕辰。本館於是日舉行紀念會，並展覽其遺像、遺墨、遺著、遺物，共八十餘種。又：十二月中，新會江門「白沙釣臺」重修落成，在該地舉行特別儀式。由冼玉清女教授（文獻委員）及蘇憲章組長代表文獻委員會與本館前往參加盛典。

（五）卅七年十二月四日，本館為最近逝世之愛國畫人趙浩公先生開紀念會，並一連三日展覽其遺作數十幀。

保管書版

考廣雅書版之歷史，最初由阮元於道光間督粵時，開學海堂課士，選刻經史名著，並築文瀾閣於粵秀山以庋藏之。同治丁卯，鹽運使方璿闢菊坡精舍，聘陳東塾（澧）先生主講，校刊群籍。光緒戊子，張之洞督粵，開辦廣雅書院外，另設廣雅書局，刻印古籍，博採旁搜，規模宏遠。任校讐者皆積學之士。凡刊本必經三校，卷末題名，以昭鄭重，海內推為精本。至宣統間，提學使沈曾桐於十峰軒之東，建藏版樓。凡學海堂、菊坡精舍、與廣雅書局之書版，薈萃其中，而且伍氏粵雅堂及潘氏海山仙館刊本，亦兼搜集於此。民國七年，當局始有廣雅版片印行所之設。廿三年改組為省立編印局，從事印行書本，補刊缺頁，並重修藏版樓，猶復搜購私家藏版（如新會陳氏之廿四史版，僅收得九史，其餘嗣後盡遭毀滅）。廿七年一月，日軍寇粵，當局將書版分移南海良寶鄉及市內番禺學宮。歷時九載，兩處藏版均倖獲保全。勝利復員後，由本館接收，負責保管。至卅六年十二月，始將全部版片移置館內西廡。統計全數約十三萬塊，誠吾粵之文化瑰寶也。其後，全部藏版移歸中山大學保管。

調查文物

抗戰勝利後，教育部特聘羅香林君及余二人為「清理戰時文物損失委員會」粵港區代表，即假本館為辦公處，由余負責進行。旋而本館亦奉到省政府令，調查全省戰時文物損失。由是，雙方聯合共進。最先在香港收復戰前「北平圖書館」寄存在港之善本珍本圖書四大箱，運回南京。另將本省十三處送來之公私文物損失登記表，分別整理，編列表冊，統計數目，彙送教育部委員會，設法向日本追還。至本省文物損失調查工作，則只有數表付來報告而已。此外，則本館曾盡力為私人收復所損失之書籍及書畫數起。

編印刊物

本館向因經費與人力之不充，所擬辦之編印各種刊物的計畫，未能完全實現，只有盡其所能出版數種。（一）在各日報附刊「專輯」數次。（二）與羅香林君所主持之「廣東建設研究委員會」聯合在《中山日報》發表「文化建設專刊」，至十期停止。（三）本館自編《廣東文獻》雙周刊，在廣州《中央日報》發表，共出版廿二期。（四）另編「文獻叢談」旬刊，在廣州《越華報》附刊發表，共出版廿一期。（五）本館自行編印《廣東文獻通訊》無定期刊，出版一期，共卅二頁。（六）「廣州專輯」，由本館編撰，在《旅行雜誌》刊出。（七）《廣東文獻特輯》為繼續昔年香港「中國文化協進會」所編印之《廣東文物》（著者主編）之第二集，經本館費時兩年、集中數十人才力而成之比較有永久高度學術性的刊物。內容有圖畫一百九十三幅，論文廿餘篇，共約五十萬言，合訂一巨冊。當時因印費無著，由港商某某二人負責承印。詎料該商等於排版時自行抽去數篇，且只印就樣本百冊，即便中止，並未普遍發行。旋而時局陡變，本館結束，未及追究，誠可痛可惜之事。（八）吳道鎔（玉臣）遺著《廣東文徵》全部廿七冊，共千餘萬言，因印費過鉅未能排印，乃由「文獻委員會」另行籌款，交由本館雇員謄錄，以油印機復印副本九份，以廣流傳。（今留傳在香港者有二份：一為李棪齋先生所有，一藏港大馮平山圖書館）。（九）除以上八種外，本館已著手編修者，尚有下列四種：（甲）《廣東大事記》、（乙）《廣東梵剎志》、（丙）《廣東名人志》、（丁）《廣東歌謠樂曲戲劇研究》等，因時易關係，皆未完成。

保存古蹟

本館就能力所及，曾舉辦七種工作。（甲）向各處收回文廟原有石刻二十件。（乙）發見清初吾粵大詩人梁佩蘭所書「仙湖」二字石刻，為仙湖街書額，運回館內，嵌入泮池東壁上。（丙）聞有人建議拆卸中華路大石牌坊五座（原稱四牌樓），即去函廣州市政府力爭，並建議移置適當地點，因得保存。（丁）函請民政廳轉令陽江縣政府，調查及保存陽江古窯陶器，勿為外人運去。（戊）請託畫家遊雲山女士（今曉雲法師）前赴新會崖山調查古物及古蹟，得其書面報告，及風景寫生多幅。（己）協助「廣東建設研究委員會」調查全市革命勝蹟。（庚）發見海珠寺舊物吳道子觀音像石刻，函請工務局設法保存，即由該局妥為安放於漢民公園。

文獻諮詢

軍政當局、中外人士、各機關、團體、社會、學校、報館、學生等常有函來或親來詢問、採訪、及調查有關廣東文獻之種種問題之史料或意見，由書畫金石之鑑定、史地人物中資料、以至政治、經濟、文學等等之研究，均由館員，或轉請專家，力助解決，一一答覆。廣州「美國新聞處」，常與本館聯絡，於舉辦業務，常有所諮詢，不啻以本館為顧問。至省政府批示公文，凡與史地文獻有特殊關繫者，亦屢先交本館研究，採納意見，以備參考。其尤著者有如關於海南及儋縣人士呈請更改地名兩案，均向本館諮詢。本館呈覆原文錄後。

（以下兩篇均由余擬稿，經陳德芸君修訂。）

（一）「『海南』為全島之自然的地理名稱，中外輿圖，一致無異，實已具有普遍性。而『瓊崖』僅前朝劃分該島為行政區域之政治名稱，且係『瓊州府』與『崖州』之簡稱。似此，則用『海南』二字較洽。況元代已有『海南道』之制，是則亦有歷史根據。再則『海南』久為國內國外人士人口常稱之名；習慣成自然，已成通名。根據以上地理、歷史、習慣、三大理由，故贊同民政廳意見：該島宜定名為『海南島』。」

（二）「關於儋縣政府呈請更改縣名為『東坡縣』一節，謹以所知所見呈報如後：考『儋』字意義，顏師古曰：『儋字本作瞻。』「說文」：『瞻、垂耳也。南方有儋耳國』。《輿地紀勝》引〈平黎記〉載：『伏波收黎人，西至一處，有聃耳婦人出現，號其地為儋。伏波之說，不足信，聃耳則近似也。』又據《山海經》：『南荒之外有離耳國。其人耳長及肩，每逆風走，則將耳反搭於上，使不窩風。注云：即今儋州。而所謂耳長及肩者，乃耳塞，非耳也。今黎女出市，耳塞仍大垂至肩。行路奔走之時，則翻掛於耳輪上，即其遺習也。耳塞，銀銅不等』。是則『儋縣』名稱之由來，實源出於遠古漢族移植以前之儋耳國，而『儋』字之稱則本諸黎族婦人耳塞長垂，瞻掛肩上之俗。

又考政制沿革，儋縣遠在漢初元封元年（民國紀元前二〇二一年，西曆紀元前一一〇）始置儋耳郡。初元五年（西曆紀元前四四）併入珠崖郡。『梁置崖州。隋大業六年（西曆六一〇）又改為儋耳郡。唐初改為昌化。乾元中，復稱儋州。宋改為『宜倫』。明洪武二年（西曆一三六九）復改為儋州。清代因之。至民國仍稱儋縣。由上觀之，儋縣之得名，遠在土著黎人繁殖時代，而自漢族南移之後，亦在二千年以上，則其歷史之悠久幾為全省其他各縣所不及。即此一端，儋縣之名，已具有特殊的及重大的歷史意義矣。至謂『字義費解』，則按上文考證，音義出處，均鑿鑿有據，曷云『費解』？若謂『意義不妥』，則或嫌『儋』字源出瞻耳黎族為不雅。竊以為此饒有歷史價值之名稱，正是典雅之極，殊不覺其俗。而況凡一個專名，無論其為人名或地名，其本身專名即成特殊意義，不必他求。即以吾粵省治地點『番禺』二字論之。其得名之由，僅據城中兩小山（按：即番禺山），試問當作何解釋？又有何特殊意義？再以省名『廣東』論，其命名之歷史，原係取今兩廣交界之『廣信』地各（今封川）之上一字而劃分東西兩省，其意義只此而已，非謂土地區域之廣大也。凡此名稱，固不能以雅俗範疇定之，亦不能判為妥與不妥也。

至謂紀念先賢、先哲，及更新文化，則流寓謫宦，自北徂南，有功文教者，代有其人，且遍地皆有，而道德文學忠義節烈之士，又何縣無之？若一一藉此改名，則潮安可改『退之縣』，新會可改『獻章縣』，增城可改『甘泉縣』，南海可改『子壯縣』，東莞可改『家玉縣』……豈非欲求更新，反致紛亂乎？而況坡公所到之地，非僅儋縣；倘惠陽亦踵起效尤，又將何從解決耶？從前香山之改為『中山』，實緣國父推翻帝制，創立民國，豐功偉蹟，與天無極。其他各縣，固不容倣效，亦不必仿效。所以從前有人提議改花縣為『秀全縣』，以紀念太平天國倡義者，亦遭省政府之否決而罷。總之，約定俗成謂之名。今以二千餘年之地名，忽以不充分理由而輕易更改，徒使現代舉世之人多費記憶，容易淆亂，復使後世讀史者又多費考查，實是無謂無益的政治舉動耳。」

文化中心

廣州文廟，自全部重修、自由開放後，漸成為全市名勝區域與文化活動中心。文獻館本著為文化服務宗旨，無時而不往意及此。開館以來，中西人士前來遊覽、休息、會談、攝影、閱讀書報、參觀古物、研究藝術、操練國術、繪畫寫生、讀書作文、靜坐修養、或作其他文化活動者，每日絡繹不絕。實際上，文廟已成為廣州市的「文化公園」了。其次，中央、省立、市立、黨部、社會、各機關、學校、或文化團體，常有假借本館為臨時辦公處、通訊處、或集會場所者（均免費）。另有藝術界人士借用房舍舉行免費入場之藝術展覽會者，（略收租金以助管理費）統計凡數十次之多。此亦為文化服務之適合社會需要的貢獻也。

廣東叢書

由葉恭綽、簡又文等主持之「廣東叢書編印委員會」，前於抗戰期間在香港「中國文化協進會」內組成，曾出版「廣東叢書」兩集。勝利復員後，仍為獨立的機構，但與本館聯繫共進，繼續編印「廣東叢書」第三集。內容有黃佛頤（慈博）遺著《廣州城坊志》、《六脈渠圖說》、及王重民影印英國劍橋大學藏本《太平天國官書》十種。

停頓及結束

卅八年春，時局陡變，廣東先受影響。自二月起，中央政府各機關陸續遷穗。「國史館」及「內政部」，遷入本館辦公，借用各房舍多間。全館各室均無由開放，各項工作亦無由繼續。迨「文獻委員會」葉主任委員恭綽亦離市赴港，主任委員由黃委員麟書代理。而委員會及文獻館全部事業，均陷停頓。全國軍政大局前途日趨黯淡。今後，主要的工作與任務，端在未雨綢繆，以備不虞，亟亟設法保全幾年來徵集所得之一應圖書文物而已。

日復一日，時勢愈趨危急，社會漸見混亂，全省不久恐陷入戰時狀態。以本館機關孤立，不見重視，而地址廣闊，職員人少（經一度裁員，僅留數名），且文廟壯麗幽雅，房舍甚多，最易為機關及軍隊覬覦佔駐之的，如是則館內所藏圖書文物，恐難保存，而鄉邦文獻之損失大矣。時，余仍負責主持館務，終日徬徨，籌劃善策以處此危境。本館全部藏品既不能運出國外寄存，惟有就地設法冀免受兵燹之災劫而已。因思距館址僅百武之「省立圖書館」，為全省重大的文化機關，藏書甚富，而館長杜定友君為圖書館學專家，獻身為文化服務，素與本館有密切聯絡，如其慨肯兼負保管本館藏品之責任，則集中全省公有之文化瑰寶於一處，保存較易，機會亦較大。乃先與杜君面商此大問題，以保全廣東文化精華為共同的大前提、大目的。杜君首先表示以終身為圖書管服務之大志，及無論時局變化如何必不離開崗位之決心。余乃敦請其繼任文獻館館主任一職，兼負保存館內一切圖書文物之責。杜君懍於大義，慷慨尤焉。余遂進一步辦理名義上與職位上之交代手續，親赴香港將處置辦法向葉主任委員陳明，得其同意。隨而面遞辭職公函，尤其親筆致書杜君，請其繼任館主任職，並覆函准余辭職。回穗後，復請省政府教育廳廳長姚寶猷加批准余辭職，而改聘杜君接任。正式手續於是完成，準備交代。

三月五日，上午十時，杜定友君親到館接館主任職。余亦親辦交代，將全館所有文獻、藏品、包括圖書、古物與其他一切文物，以及家具實物，一一開列表冊，移交杜君接收。於是，余始得卸仔肩，挈家遷港。

其後，杜君在「省立圖書館」內另闢數室，將本館全部藏品，一一移置，與該館圖書，集中保管，並留本館員工數人，照舊管理，而館方各種工作仍在可能範圍內繼續進行，直至省會易幟，「廣東文獻館」乃暫告結束。事隔多年，聞「省立圖書館」至今仍由杜君負責管理，而且文獻館全部藏品，均告無恙，此差堪為鄉邦人士告慰者。

附註：以上全篇資料，多錄自「廣東文獻館」編印之各種刊物，如「廣東文獻通訊」，及根據余個人任事首尾五年之「工作日記」與記憶所及者。民國五十七年三月追記於九龍寅圃

血歷史182　PC0912

新銳文創
INDEPENDENT & UNIQUE

西北東南風

原　　著　　簡又文
主　　編　　蔡登山
責任編輯　　許乃文
圖文排版　　周怡辰
封面設計　　王嵩賀

出版策劃　　新銳文創
發 行 人　　宋政坤
法律顧問　　毛國樑　律師
製作發行　　秀威資訊科技股份有限公司
　　　　　　114 台北市內湖區瑞光路76巷65號1樓
　　　　　　電話：+886-2-2796-3638　傳真：+886-2-2796-1377
　　　　　　服務信箱：service@showwe.com.tw
　　　　　　http://www.showwe.com.tw
郵政劃撥　　19563868　戶名：秀威資訊科技股份有限公司
展售門市　　國家書店【松江門市】
　　　　　　104 台北市中山區松江路209號1樓
　　　　　　電話：+886-2-2518-0207　傳真：+886-2-2518-0778
網路訂購　　秀威網路書店：https://store.showwe.tw
　　　　　　國家網路書店：https://www.govbooks.com.tw

出版日期　　2020年7月　BOD一版
定　　價　　350元

版權所有・翻印必究（本書如有缺頁、破損或裝訂錯誤，請寄回更換）
Copyright © 2020 by Showwe Information Co., Ltd.
All Rights Reserved

Printed in Taiwan

國家圖書館出版品預行編目

西北東南風 / 簡又文原著；蔡登山主編. -- 一版. -- 臺北市：新銳文創, 2020.07
面； 公分. -- (血歷史；182)(新銳文創；PC0912)
BOD版
ISBN 978-986-5540-06-7(平裝)

1.民國史

628　　109007907

讀者回函卡

感謝您購買本書，為提升服務品質，請填妥以下資料，將讀者回函卡直接寄回或傳真本公司，收到您的寶貴意見後，我們會收藏記錄及檢討，謝謝！如您需要了解本公司最新出版書目、購書優惠或企劃活動，歡迎您上網查詢或下載相關資料：http:// www.showwe.com.tw

您購買的書名：________________________________

出生日期：________年________月________日

學歷：□高中（含）以下　□大專　□研究所（含）以上

職業：□製造業　□金融業　□資訊業　□軍警　□傳播業　□自由業

□服務業　□公務員　□教職　□學生　□家管　□其它______

購書地點：□網路書店　□實體書店　□書展　□郵購　□贈閱　□其他

您從何得知本書的消息？

□網路書店　□實體書店　□網路搜尋　□電子報　□書訊　□雜誌

□傳播媒體　□親友推薦　□網站推薦　□部落格　□其他__________

您對本書的評價：（請填代號　1.非常滿意　2.滿意　3.尚可　4.再改進）

封面設計____　版面編排____　內容____　文／譯筆____　價格____

讀完書後您覺得：

□很有收穫　□有收穫　□收穫不多　□沒收穫

對我們的建議：________________________________

____

____

____

請貼
郵票

11466
台北市內湖區瑞光路 76 巷 65 號 1 樓
秀威資訊科技股份有限公司 收
BOD 數位出版事業部

....

（請沿線對折寄回，謝謝！）

姓　　名：________________　年齡：________　性別：□女　□男

郵遞區號：□□□□□

地　　址：____

聯絡電話：(日) ____________________ (夜) ____________________

E-mail：____